GENESES DU DISCOURS

DU MEME AUTEUR

Initiation aux méthodes de l'analyse du discours (Paris, Hachette, 1976).

Linguistique française. Initiation à la problématique structurale (en collab. avec J.-L. Chiss et J. Filliolet) (Paris, Hachette, 1977 [Tome 1] et 1978 [Tome 2]).

Les livres d'école de la République, 1870-1914. Discours et idéologie (Paris, Le Sycomore, 1979).

Approche de l'énonciation en linguistique française (Paris, Hachette, 1981).

Sémantique de la polémique (Lausanne, l'Age d'Homme, 1983).

 *PHILOSOPHIE ET LANGAGE*

Dominique Maingueneau

genèses du discours

Deuxième édition

PIERRE MARDAGA, EDITEUR
2, GALERIE DES PRINCES, 1000 BRUXELLES

© 1984, Pierre Mardaga, éditeur
Rue Saint-Vincent 12 - 4020 Liège
Galerie des Princes 2-4 - 1000 Bruxelles
D. 1989-0024-28

Avant-propos

I

La notion de *discours* est employée avec des acceptions très variées[1], des plus restrictives aux plus larges, et il en va de même pour son corrélat, celle d'«analyse du discours»[2]. En première approximation, dans la perspective de «l'école française d'analyse du discours»[3] nous entendrons par «discours» une dispersion de textes que leur mode d'inscription historique permet de définir comme un espace de régularités énonciatives. On peut aussi bien renvoyer à la formulation de M. Foucault :

> Un ensemble de règles anonymes, historiques, toujours déterminées dans le temps et l'espace qui ont défini à une époque donnée, et pour une aire sociale, économique, géographique ou linguistique donnée, les conditions d'exercice de la fonction énonciative[4].

Si le jeu des contraintes qui définissent la «langue», celle de Saussure et des linguistes, suppose que tout ne peut se dire, le discours à un autre niveau suppose donc qu'à l'intérieur d'un idiome particulier, pour une société, un emplacement, un moment définis seule une part du dicible est accessible, que ce dicible forme système et délimite une identité.

On a ainsi affaire à des objets qui apparaissent à la fois intégralement linguistiques et intégralement historiques. Les unités du discours constituent en effet des systèmes, des systèmes signifiants, des énoncés, et à ces titres relèvent d'une sémiotique textuelle; mais ils relèvent aussi de l'histoire qui rend raison des structures de sens qu'ils déploient. Ce que nous voudrions, c'est ne sacrifier aucun de ces deux aspects, emprunter une autre voie que ceux qui, guidés par un «intérêt» différent, se portent de manière privilégiée vers l'un ou l'autre.

Pour certains, en effet l'étude des fonctionnements textuels doit être un moyen de viser, au-delà des corpus considérés, une théorie des systèmes sémiotiques[5]. Dans ce cadre le choix se porte plutôt sur les phénomènes de narrativité, d'argumentation..., de manière générale sur des structures prégnantes. Si en revanche on privilégie l'herméneutique historique on est tenté de porter une attention moindre à la textualité; jouant d'une convergence théorique avec la psychanalyse, on délinéarise les énoncés, on fait travailler les segments les uns par rapport aux autres pour faire apparaître dans l'espace ainsi libéré la possibilité d'un non-dit, qui ouvre sur l'interprétation.

Chacune de ces deux démarches entend ne pas sacrifier le versant que son orientation la conduit pourtant inévitablement à placer au second plan: le sémioticien pense que les grilles qu'il construit seront paramètrisables historiquement, tandis que l'historien herméneute affirme qu'il ne travaille que sur la base que lui imposent les découpes textuelles. Mais force est de reconnaître que leurs intérêts divergents les font se mouvoir dans des univers parallèles, même quand ils abordent des corpus comparables[6]. Pour notre part nous nous établirons au lieu où viennent s'articuler un fonctionnement discursif et son inscription historique, nous chercherons à penser les conditions d'une « énonçabilité » historiquement circonscriptible.

Pour ce faire, après bien d'autres nous nous démarquerons d'une certaine vulgate structuraliste.

C'est ainsi qu'on peut légitimement s'interroger sur l'« autarcie » supposée des discours, considérée sous le double point de vue de leur genèse et de leur rapport à l'interdiscours. On le sait, la fascination qu'ont ressentie les structuralistes pour les « coupures », les « ruptures » est souvent allée de pair avec un relatif désintérêt pour les problèmes liés à la genèse, et l'impossibilité de penser la relation d'un discours à son « extérieur » énonciatif a constitué le talon d'Achille de bien des travaux. Ce n'est pas que l'« intertextualité » ait été oubliée dans la réflexion, bien au contraire, mais on doit reconnaître qu'elle est restée dans une large mesure lettre morte pour la recherche pendant longtemps. Dans ce livre nous lierons par divers biais ces deux problématiques de la genèse et de l'interdiscursivité et tenterons d'appréhender d'emblée le discours à travers l'interdiscours.

On pourrait également critiquer le désintérêt certain de beaucoup d'analyses dites structurales pour le mode de cohésion des discours. On a pris l'habitude, en particulier dans la mouvance althusserienne, de concevoir les idéologies comme des « systèmes de représentations »[7], mais c'est souvent une simple concession à l'air du temps et on ne se demande guère ce qu'il en est précisément de ce « système ». N'importe quel lecteur ou auditeur un peu attentif perçoit bien que l'identité d'un discours n'est pas seulement une affaire de vocabulaire ou de propositions, qu'elle dépend en fait d'une cohérence globale qui intègre de multiples dimensions textuelles, mais les analyses qu'on lui propose ne s'occupent guère de cela. Or il nous semble que ce désintérêt n'est pas dommageable aux seuls sémioticiens, il interdit aussi d'interpréter le statut historique des discours.

A cette lacune est en général associé un usage néfaste de la distinction entre «profondeur» et «surface» des textes. Les méthodes d'analyse tendent en effet à imposer le dilemme suivant: soit l'on entend saisir le discours dans sa globalité et, pour ce faire, on doit négliger la texture «superficielle», la diversité et l'intrication des agencements visibles, pour élaborer des modèles «profonds»; soit on étudie cette texture dans toute sa complexité et on s'en tient alors à des analyses locales dont la finesse disqualifie les modèles «profonds» pour leur caractère réducteur. Il y aurait donc une alternative nécessaire, liée à la difficulté de concevoir des médiations d'un niveau à l'autre. On connaît par exemple les problèmes que rencontre sur ce point l'analyse des récits, partagée entre des schémas très abstraits et peu spécifiés et des études minutieuses de récits singuliers. Michel Foucault, pour sa part, opte dans *l'Archéologie du savoir* pour le niveau profond et renonce à ce qu'il dénomme significativement «l'étage terminal», c'est-à-dire

les textes (ou les paroles) tels qu'ils se donnent avec leur vocabulaire, leur syntaxe ou leur organisation rhétorique. L'analyse... laisse en pointillé la mise en place finale du texte[8].

Plutôt que de sacrifier l'un des deux niveaux au profit de l'autre ou d'imaginer de nouvelles passerelles entre eux il vaudrait mieux surmonter cette dichotomie, récuser l'imagerie architecturale qui se trouve derrière, pour admettre qu'un discours n'a aucune «profondeur», que sa spécificité ne se localise pas dans quelque «base» qui serait son fondement, mais se déploie sur toutes ses dimensions.

Cette allusion à l'architecture nous amènera aussi à nous demander si la fameuse identification par Foucault du discours à un «monument»[9] n'a pas quelques effets indésirables. Certes, dans la langue classique la notion de «structure» entretient des liens privilégiés avec l'univers de l'architecture, mais cette dérive métaphorique suppose un primat indu de la spatialité. Le désir de s'affranchir d'une histoire conçue comme «résurrection intégrale du passé» ne doit pas convertir l'analyse du discours en la pure description d'un enchevêtrement de traces, insoucieuse du fait que ces traces sont celles d'un discours plutôt que celles d'un temple ou d'un rétable. L'«énonçabilité» d'un discours, le fait qu'il ait été l'objet d'actes d'énonciation par un ensemble d'individus, n'est pas une propriété qui lui est affectée par surcroît, mais quelque chose de radical, qui conditionne toute sa structure. Il faut penser d'emblée la discursivité comme dit et comme dire, énoncé et énonciation.

Ces quelques remarques convergent à des degrés divers pour mettre en cause toute conception «statique» et architecturale du discours. Celui-ci n'est ni un système d'«idées», ni une totalité stratifiée qu'on pourrait décomposer mécaniquement, ni une dispersion de ruines passible de relevés topographiques, mais un système de règles qui définit la spécificité d'une énonciation. Ici l'on pourrait évoquer à la critique qu'adressait J. Derrida à certaines tendances du structuralisme, coupables selon lui de négliger la «force» et d'identifier «forme» et sens:

> Ainsi, le relief et le dessin des structures apparaissent mieux quand le contenu, qui est l'énergie vivante du sens, est neutralisé. Un peu comme l'architecture d'une ville inhabitée ou soufflée, réduite à son squelette par quelque catastrophe de la nature ou de l'art. Ville non plus habitée ni simplement délaissée mais hantée plutôt par le sens et la culture[10].

Ne pas perdre complètement «l'énergie vivante du sens»,

sens », restituer à la ville ses habitants, c'est ce que nous aimerions amorcer ici.

II

Nous tenterons donc de pallier sur certains points les lacunes que nous venons de souligner en proposant une démarche différente. Nous la résumerons en sept hypothèses, qui feront chacune l'objet d'un chapitre du livre. Mais avant de les énoncer il nous faut poser une distinction conceptuelle initiale entre *surface discursive* et *formation discursive*[11]. Ce n'est là qu'un des nombreux avatars du couple langue/parole qui sont en circulation dans l'analyse textuelle. Tout en lui conservant sa valeur fondamentale chaque théorie l'oriente dans le sens qui lui convient.

Il s'agira ici d'opposer un système de contraintes de bonne formation sémantique (la *formation discursive*) à l'ensemble des énoncés produits conformément à ce système (la *surface discursive*). Ce dernier concept correspond donc à peu près à ce que Foucault nomme *discours* :

> On appellera discours un ensemble d'énoncés en tant qu'ils relèvent de la même formation discursive... il est constitué d'un nombre limité d'énoncés pour lesquels on peut donc définir un ensemble de conditions d'existence[12].

De notre côté nous userons du terme « discours » pour référer à la relation même qui unit les deux concepts précédents. Ce faisant, nous ne nous écarterons pas de la pratique usuelle des locuteurs : évoquer « le discours de l'art », « le discours féministe », etc..., ce n'est pas tant renvoyer à un ensemble de textes effectifs qu'à un ensemble virtuel, celui des énoncés productibles conformément aux contraintes de la formation discursive.

Première hypothèse: L'interdiscours prime le discours. Ce qui revient à poser que l'unité d'analyse pertinente n'est pas le discours mais un espace d'échanges entre plusieurs discours convenablement choisis.

Une telle proposition peut recevoir deux interprétations, l'une faible, l'autre forte. Selon la première, qui fait d'ailleurs l'objet d'un large consensus, l'étude de la spécificité d'un discours suppose sa mise en relation avec d'autres:

> L'analyse du discours suppose la mise ensemble de plusieurs textes, étant donné que l'organisation du texte pris isolément ne peut que renvoyer à lui-même (structure close) ou à la langue (structure infinie)[13].

L'interprétation forte exige davantage puisqu'elle pose l'interdiscours comme l'espace de régularité pertinent, dont les divers discours ne sont que les composants. En termes de genèse cela signifie que ces derniers ne se constituent pas indépendamment les uns des autres pour être ensuite mis en relation, mais qu'ils se forment de manière réglée à l'intérieur de l'interdiscours. Ce serait donc la relation interdiscursive qui structurerait l'identité; tout discours, comme toute culture, est fini en ce qu'il repose sur des partages initiaux, mais ces partages ne se détacheraient pas sur un espace sémantique indifférencié.

On le voit, c'est là une idée couramment répandue dans les sciences humaines. Notre effort a consisté essentiellement à lui ôter son caractère purement spéculatif pour lui conférer un statut à l'intérieur d'un cadre plus limité mais explicite.

Seconde hypothèse: Le caractère constitutif de la relation interdiscursive fait apparaître l'interaction sémantique entre les discours comme un processus de traduction, d'*inter-incompréhension* réglée. Chacun introduit l'Autre[14] dans sa clôture en traduisant ses énoncés dans les catégories du

Même et n'a donc affaire à cet Autre que sous la forme du «simulacre» qu'il en construit.

Dans ce cadre, la relation polémique, au sens le plus large, loin d'être la rencontre accidentelle de deux discours qui se seraient institués indépendamment l'un de l'autre, n'est que la manifestation d'une incompatibilité radicale, celle-là même qui a permis la constitution du discours. Le conflit ne vient pas s'ajouter de l'extérieur à un discours en droit autosuffisant, il est inscrit dans ses conditions mêmes de possibilité. A ce niveau le sens ne renvoie pas à un espace clos dépendant d'une position énonciative absolue mais il doit être appréhendé comme circulation dissymétrique d'une position énonciative à une autre; l'identité d'un discours coïncide avec le réseau d'interincompréhension dans lequel il est pris. Il n'y a pas d'un côté le sens, de l'autre certains «malentendus» contingents dans sa communication, mais d'un seul mouvement le sens comme malentendu.

Troisième hypothèse: Pour rendre compte de cet interdiscours on pose l'existence d'un *système de contraintes sémantiques globales*. Le caractère «global» de cette sémantique se manifeste par le fait qu'elle contraint simultanément l'ensemble des «plans» discursifs: aussi bien le vocabulaire que les thèmes traités, l'intertextualité ou les instances d'énonciation...

Par là il s'agit de s'affranchir d'une problématique du signe, ou même de la proposition, pour appréhender le dynamisme de la «signifiance» qui emporte toute la discursivité: l'énoncé, mais aussi l'énonciation, et même au-delà, on le verra. Est récusée l'idée qu'il y ait à l'intérieur du fonctionnement discursif un lieu où sa spécificité se condenserait de manière exclusive ou même seulement privilégiée (les mots, les phrases, les agencements argumentatifs, etc...). Ce qui revient à poser le principe de sa dissémination sur les multiples plans du discours. Il n'y a donc plus place pour une opposition entre «surface» et «profondeur» qui réserverait à la seule profondeur le domaine de validité des contraintes sémantiques.

Quatrième hypothèse: Ce système de contraintes doit être conçu comme un modèle de *compétence interdiscursive*. Nous renvoyons évidemment ici à la problématique de la grammaire générative chomskyenne. Nous postulons chez les énonciateurs d'un discours donné la maîtrise tacite de règles permettant de produire et d'interpréter des énoncés relevant de leur propre formation discursive, et, corrélativement, d'identifier comme incompatibles avec elle les énoncés des formations discursives antagonistes. Le choix d'une telle perspective va naturellement de pair avec une démarche heuristique résolument non empiriste.

Cinquième hypothèse: Le discours ne doit pas être pensé seulement comme un ensemble de textes, mais comme une *pratique discursive*[15]. Le système de contraintes sémantiques, au-delà de l'énoncé et de l'énonciation, permet de rendre ces textes commensurables avec le «réseau institutionnel» d'un «groupe», celui que l'énonciation discursive à la fois suppose et rend possible.

Sixième hypothèse: La pratique discursive ne définit pas seulement l'unité d'un ensemble d'énoncés, elle peut aussi être considérée comme une *pratique intersémiotique* qui intègre des productions relevant d'autres domaines sémiotiques (pictural, musical, etc...). Une telle extension est rendue nécessaire par le fait que le système de contraintes qui fonde l'existence du discours peut être également pertinent pour ces autres domaines.

Septième hypothèse: Le recours à ces systèmes de contraintes n'implique nullement une dissociation entre la pratique discursive et d'autres séries de son environnement socio-historique. Il permet au contraire d'approfondir la rigueur de cette inscription historique en ouvrant la possibilité d'isomorphismes entre le discours et ces autres séries sans pour autant réduire la spécificité des termes ainsi corrélés. La formation discursive se révèle donc «schème de correspondance»[16] entre des champs de prime abord hétéronomes.

Si l'on considère ces diverses «hypothèses» il apparaît qu'elles partagent la volonté d'articuler des instances entre lesquelles on tend souvent à établir des discontinuités qui sont facilement justifiées par les nécessités de la recherche. Ce que nous essayons de montrer, au contraire, c'est qu'il n'est pas indispensable de multiplier les lignes de rupture pour penser la discursivité et qu'on peut penser un système d'articulations sans annuler l'identité de chaque instance.

C'est particulièrement net pour la première hypothèse, qui renoue d'ailleurs avec les préoccupations de certains formalistes russes[17]. Ce ne l'est pas moins pour la seconde, qui s'efforce par le biais d'un mécanisme de traduction de ne pas faire des discours autant d'espaces insulaires dont seules les relations «internes» définiraient un ordre sémantique. La troisième hypothèse ne vise pas à autre chose qu'à intégrer les diverses dimensions de la textualité discursive, tandis que la quatrième veut articuler cette structure sur les énonciateurs qui en sont le corrélat. Quant aux trois dernières, elles participent de la même orientation puisque l'une met en relation discours et institution, et les deux autres établissent des relations systématiques entre des champs *a priori* hétérogènes.

Ce faisant, nous participons assez largement du mouvement de fond qui emporte la réflexion sur le langage depuis une bonne décennie, celui de la « pragmatique », qui entend précisément articuler dans l'acte verbal énoncé et énonciation, langage et contexte, parole et action, institution linguistique et institutions sociales... Certes, notre démarche opère à un niveau différent, celui du discours, mais elle est prise dans ce courant qui traverse l'ensemble du champ des sciences humaines.

III

En énonçant ainsi quelques propositions fondamentales pour en développer ensuite les implications essentielles nous ne cherchons pas à résumer les acquis d'investigations multiples qui auraient méthodiquement couvert une grande variété de discours « représentatifs » des divers types envisageables. Nous ne croyons guère en l'efficacité d'une approche inductive qui penserait faire progresser la réflexion sur la discursivité en généralisant par paliers des conclusions d'études régionales. Outre la défiance que l'on peut nourrir à bon droit pour toute épistémologie qui prétendrait travailler à partir d'un minimum d'hypothèses peu spécifiées, la condition même des phénomènes discursifs exclut toute démarche étroitement empiriste et accumulatrice de « données ».

D'ailleurs, dans le cas d'une analyse du discours étroitement liée à l'histoire des idées, le plus souvent ce n'est pas de l'enrichissement de la masse d'informations, déjà gigantesque, que le besoin se fait sentir, mais bien plutôt d'hypothèses capables de la rendre opératoire. Au lieu de continuer à accumuler des fragments de savoir erratiques, il vaut mieux s'efforcer de valider ou d'infirmer des propositions sur les fonctionnements discursifs.

Pour maîtriser un tant soit peu l'univers discursif on utilise constamment des typologies fonctionnelles (discours juridique, religieux, politique...) et formelles (discours narratif, didactique...) qui s'avèrent aussi inévitables que dérisoires. On ne peut définir *le* discours comme un genre dont les divers types seraient autant de différences spécifiques; pas plus qu'il n'existe de discours absolu qui dans un espace homogène règlerait toutes les traductions d'un type de discours à un autre, il n'existe de disjonction entre les divers types. On est condamné à penser un mélange inextricable de même et d'autre, un réseau de rapports constamment ouvert. Rien d'étonnant si les typologies, dès qu'on les scrute d'un peu près et qu'on veut les appliquer, volent en éclats, laissant apparaître un immense entrelacs de textes dans lesquels seules les grilles idéologiques d'une époque, d'un lieu donnés, ou les hypothèses qui fondent une recherche peuvent introduire un ordre. Comme les «intérêts» qui guident ces recherches peuvent eux-mêmes être très divers, les grilles typologiques tendent à varier en conséquence. En outre, si l'on veut prendre en compte les facteurs de variation spatio-temporelle qui spécifient les typologies (discours didactique religieux de tel lieu et de telle époque, discours philosophique polémique de tel autre contexte..., et ainsi de suite à l'infini), on conçoit aisément que l'on se trouve confronté à quelque chose d'insensé dès qu'on entend accéder à un peu de généralité.

Au fond, on ne peut que se demander de quoi il pourrait bien ne pas y avoir discours. Là où il y a énoncés, énoncés sur ces énoncés, *ad libitum*, on a toujours le droit de tracer les limites d'un terrain d'investigation à sa convenance. Les corpus qui à un moment donné font l'objet d'analyses, par tout ce qu'ils excluent définissent obliquement les intérêts d'une collectivité, d'une conjoncture; ils ne sauraient prétendre résulter d'une prise de possession méthodique d'un espace balisé de part en part. Comparé à l'univers des possibles, le champ des discours découpés et étudiés par une aire sociale donnée n'est qu'un îlot de ressassement d'une exiguïté extrême.

Ainsi, pour peu qu'on veuille sortir du cadre d'analyses minutieuses de corpus bien délimités, on est tenu de prendre des risques importants. Les discours s'entrecroisent en tous sens, se démultiplient indéfiniment sur plusieurs dimensions dès qu'on avance une hypothèse un peu large. Si l'on ne se contente pas d'un propos spéculatif sur quelques philosophèmes ultimes on ne peut atteindre une précision et une rigueur suffisantes qu'en partant de lieux bien circonscrits : la discursivité telle qu'en elle-même ne peut en tenir lieu. C'est à l'intérieur de cette nécessité que dans cet ouvrage nous avons pris appui sur des recherches menées antérieurement sur des idéologies religieuses de la France du XVIIe siècle[18].

Nous nous trouvons alors dans une situation un peu analogue à celle que définit la relation entre les travaux « empiriques » de Foucault[19] et *l'Archéologie du savoir*. Certes, notre réflexion opère sur un plan différent, puisque *l'Archéologie* entend définir un propos philosophique fondateur, « faire surgir un domaine spécifique »[20] pour remodeler l'histoire des idées, tandis que nous œuvrons dans le cadre déjà constitué de l'analyse du discours, mais nous rencontrons la même ambiguïté. D'un côté Foucault prétend seulement « donner cohérence » à ses recherches antérieures, « esquissées dans un certain désordre »[21] et présente donc son livre comme l'explicitation des présupposés d'une méthode d'analyse mise en œuvre sur un corpus assez homogène, en l'occurrence la préhistoire des sciences de l'homme en Occident. Mais d'un autre côté il ne fait de doute pour personne, et surtout pas pour l'auteur, que la réflexion ainsi menée « n'est en aucune manière limitée à un pareil domaine »[22]. La conclusion est d'ailleurs nette sur ce point :

> A la question qu'on posait tout à l'heure : l'archéologie ne s'occupe-t-elle que des sciences ? n'est-elle qu'une analyse des discours scientifiques ? on peut maintenant répondre. Et répondre deux fois non[23].

On l'a vu, cette ambiguïté est exemplaire parce qu'irréductible. Il est aussi impossible de traiter avec quelque précision de la discursivité à partir d'une position d'extériorité absolue capable de la totaliser sous le regard que de réfléchir sur un ensemble limité de discours sans traiter par là même indirectement et à des degrés divers de *tous* les discours. De là une démarche inévitablement boiteuse. On n'a la liberté que de se donner des points d'appui heuristiquement intéressants, c'est-à-dire de réfléchir à partir de discours dont la structure et la position dans l'histoire des idées comme dans la typologie des discours soient suffisamment « nodales » pour permettre une diffusion vers les régions les plus diverses. C'est donc ce que nous avons fait, mais avec des ensembles textuels très différents de ceux que considère Foucault, puisqu'ils ressortissent plutôt à ce qu'on entend usuellement par « idéologie », et non à l'histoire des sciences.

Cette divergence entre les corpus de référence, les points d'appui implicites, fait qu'il est très difficile de déterminer si toute ligne d'incompatibilité avec la démarche de Foucault n'est que la conséquence de cette divergence ou résulte d'une opposition théorique. On se doute bien que « l'histoire naturelle » ou « l'analyse des richesses » de l'âge classique sont soumises à d'autres contraintes que des discours religieux, mais il serait plus que hasardeux de conclure de là à une parfaite disjonction entre les propriétés de ces deux domaines. Pour nous, dès lors que les corpus de référence occupent une position stratégique et que la réflexion se développe sur un plan de généralité suffisante on doit se résigner à parler de tous les discours en ne parlant que de quelques-uns, mais aussi à ne parler que de quelques-uns en pensant parler de tous. Ce jeu de tourniquet entre le particulier et l'universel comporte néanmoins des degrés : comme on l'a dit, la démarche suivie dans ce livre devrait concerner en principe de manière privilégiée des discours au statut pleinement « idéologique » (religieux, philosophiques, littéraires, esthétiques, politiques...), qui s'attachent avant tout à construire sur des intertextes des espaces de cohésion sémantique, et non à produire les concepts et les méthodes nécessaires pour l'analyse de domaines empiriques délimités.

IV

Il nous faut donc dire quelques mots de ce qui nous servira de corpus de référence privilégié, mais non exclusif, de manière à faire ressortir ce qu'il a d'exemplaire.

Il s'agit, on l'a vu, de discours religieux; ils correspondent à deux courants majeurs de la France du XVIIe siècle, l'« humanisme dévot »[24] et le « jansénisme »[25], entre lesquels s'est instituée une vive polémique vers le milieu du siècle. Ce sont plus exactement des discours « dévots », si l'on entend par là des énoncés dont la finalité est moins spéculative que pratique : enseigner aux fidèles quels comportements ils doivent adopter pour vivre chrétiennement dans une société déterminée[26]. Tant par leur fonction que par leur contenu ces discours présentent des propriétés intéressantes pour notre propos.

On a en effet affaire à de vastes ensembles textuels, produits par de nombreux auteurs sur de longues périodes, à travers des genres très variés (pamphlets, hagiographies, traités, sermons, etc...). C'est là un type d'objets qui est visé de façon privilégiée quand on parle d'«idéologies», de «visions du monde»...: des ensembles assez bien délimités historiquement qui ont eu une action durable sur de larges couches de la population, ou du moins sur des groupes dont la position est stratégique.

Intermédiaires entre la singularité des œuvres d'un auteur particulier et la faible densité sémantique des organisations idéologiques les plus massives qui circulent dans une société[27], les discours de ce type offrent un moyen d'accès précieux à la diversité des champs idéologiques d'une époque. On a eu constamment besoin de construire et de manipuler de telles unités discursives, mais sans pouvoir souvent les légitimer. En parlant d'un «courant», d'un «mouvement»... on posait l'existence d'une zone de régularité sémantique au-delà de l'hétérogénéité des types de textes, des auteurs, de leur dispersion dans le temps et l'espace. Ce que nous tenterons de faire, c'est précisément d'assigner un fondement à de telles unités, trop négligées par les analystes du discours. Cette réticence se comprend d'ailleurs assez bien puisque de tels corpus n'offrent pas cette homogénéité de surface qu'il affectionnent tant en général. On comprend qu'ils préfèrent les corpus pris dans un seul genre et les structures immédiatement prégnantes (maximes, poèmes, énoncés publicitaires, etc...). Les vastes ensembles du type de ceux qui nous intéressent ici sont ainsi volontiers abandonnés à des chercheurs pour qui la structuration textuelle ne revêt qu'une importance secondaire. Il nous semble au contraire qu'il doit être possible d'affronter de tels discours sans être obligé d'appauvrir considérablement la complexité textuelle, c'est-à-dire de neutraliser ce qui en droit constitue l'objet essentiel de l'analyse.

Par leur fonction ces textes dévots ont une position de carrefour. Ils ressortissent à la théorie de la littérature, à la théologie, à l'histoire de la philosophie, à la sociologie... Comme ils sont voués à construire des réseaux de sens qui spécifient un rapport global au monde pour un ensemble de sujets ils ne peuvent qu'intégrer, articuler des éléments en prise sur les régions les plus diverses. Une telle intégration suppose qu'ils disposent de formes assez souples pour assurer aussi bien la cohésion du discours que son ouverture sur cet interdiscours qui les enveloppe et qu'ils enveloppent.

Mais l'intérêt d'un tel corpus de référence réside également dans les enjeux historiques dont il a été partie prenante. La discontinuité vers le milieu du XVIIe siècle de part et d'autre de laquelle il se distribue constitue en effet un tournant décisif dans l'histoire de la pensée. On sait par exemple quelle importance lui a accordée, après bien d'autres, Michel Foucault dans *les Mots et les choses*. Cette naissance de «l'âge classique» est liée à l'effondrement de représentations traditionnelles de la société, de l'univers, de l'homme, et, partant, de la religion. Elle va de pair avec des événements aussi importants que l'émergence de l'Etat et de la science modernes, l'affirmation du rationalisme et la définition d'un nouveau statut du sujet. Placés sur les bords opposés de cette transformation décisive, le discours humaniste dévot et le discours janséniste la rendent lisible dans leur langage propre.

A l'évidence, avec de tels «points d'appui» discursifs on est déporté bien au-delà de l'intérêt que peut présenter leur individualité, et c'est justement ce que nous visons.

NOTES

[1] Dans un ouvrage antérieur (*Initiation aux méthodes de l'analyse du discours*, Hachette, 1976, p. 11) nous avons relevé, sans être exhausif d'ailleurs, pas moins de six acceptions différentes de «discours» dans la littérature linguistique.
[2] Pour certains «analyse du discours» coïncide purement et simplement avec «analyse de texte» (voir par exemple J.-C. Gardin *et al.*, *la Logique du plausible*, Editions de la maison des sciences de l'homme, Paris, 1981).
[3] On trouve cette notion d'«école française» dans l'article «Analyse de discours» du *Dictionnaire de linguistique* (Larousse, 1973). Elle est d'ailleurs pertinente dans la mesure où c'est en France que sous l'égide du structuralisme et autour du discours politique s'est réalisée une convergence originale de l'analyse textuelle, de la linguistique, du marxisme et de la psychanalyse. Sur ce sujet on peut se reporter à l'ouvrage cité dans la note 1 ainsi qu'aux n°s 13 (1969), 23 (1971), 62 (1981) de la revue *Langages* (Larousse-Didier) et au livre de R. Robin, *Histoire de linguistique* (A. Colin, 1973).
[4] *Archéologie du savoir*, Gallimard, 1969, p. 154.
[5] Nous songeons ici particulièrement au projet de l'école d'A.-J. Greimas. On trouvera une présentation d'ensemble dans *Sémiotique, l'école de Paris* (Hachette, 1982, éd. J.-C. Coquet) et dans *Sémiotique, dictionnaire raisonné de la théorie du langage*, par A.-J. Greimas et J. Courtès, Hachette, 1979.
[6] Ce «parallélisme» se manifeste entre autres choses par le fait que l'on trouve peu de textes dans lesquels l'une des tendances porte un jugement sur les travaux de l'autre (voir toutefois J.-C. Coquet in *Sémiotique, l'école de Paris*, pp. 31-33). D'éventuels historiens de l'analyse textuelle française se pencheront peut-être sur ce phénomène.
[7] Cf. Louis Althusser: «Une idéologie est un système (possédant sa logique et sa rigueur propres) de représentations (images, mythes, idées ou concepts selon les cas) doué d'une existence et d'un rôle historique dans une société donnée» (*Pour Marx*, Paris, Maspéro, [2e éd.], p. 238).
[8] *Archéologie...*, p. 100.
[9] *Archéologie...*, p. 14.
[10] *L'Ecriture et la différence*, Seuil, 1967, p. 13.
[11] Nous nous inspirons ici de Michel Pêcheux, qui parle de *surface linguistique* (*Langages*, n° 37, 1975, p. 24). Quant au terme *formation discursive*, il provient de *l'Archéologie du savoir* et a été redéfini par Pêcheux dans une perspective althusserienne (voir «La sémantique et la coupure saussurienne: langue, langage, discours», in *Langages* n° 24, par C. Haroche, P. Henry et M. Pêcheux).
[12] *Archéologie...*, p. 153.
[13] G. Provost-Chauveau, *Langue française*, n° 9 (Larousse), p. 19.
[14] Cet «Autre» ne correspond évidemment pas à celui de la théorie lacanienne; nous reviendrons sur ce point au chapitre 1.
[15] Terme emprunté à *l'Archéologie...*, p. 153.
[16] «Une formation discursive ne joue donc pas le rôle d'une figure qui arrête le temps et le gèle pour des décennies ou des siècles...; elle pose le principe d'articulation entre une série d'événements discursifs et d'autres séries d'événements, de transformations, de mutations et de processus. Non point forme intemporelle mais schème de correspondance entre plusieurs séries temporelles» (M. Foucault, *Archéologie...*, p. 98).
[17] Sur ce sujet on ne peut que renvoyer à l'anthologie publiée par T. Todorov sous le titre *Théorie de la littérature*, Seuil, 1966.

[18] Ces recherches ont fait l'objet d'une thèse d'Etat soutenue en 1979 à Paris X-Nanterre (*Sémantique de la polémique, Du discours à l'interdiscours*). On se reportera à *Sémantique de la polémique* (Lausanne, L'âge d'Homme, 1983).
[19] Par ce terme quelque peu inadéquat nous renvoyons ici à divers ouvrages:
- *Histoire de la folie à l'âge classique* (Plon);
- *Naissance de la clinique: une archéologie du regard médical* (P.U.F.);
- *Les mots et les choses* (Gallimard).
[20] P. 270.
[21] P. 25.
[22] P. 43.
[23] P. 255.
[24] Il s'agit d'un courant illustré en particulier par des auteurs comme L. Richeome, saint François de Sales, Yves de Paris, E. Binet, P. Le Moyne... Pour une présentation détaillée on se reportera au tome I de *l'Histoire littéraire du sentiment religieux en France*, «L'humanisme dévot», par Henri Brémond (Paris, Bloud et Gay, 1916). Sur le plan doctrinal ce mouvement se caractérise par son intérêt pour la pratique religieuse et sa volonté d'harmoniser le christianisme avec un certain optimisme naturaliste issu de la Renaissance.
[25] Le courant janséniste est trop connu pour qu'il soit besoin de le caractériser. Il a été vivant jusqu'à la fin du XVIIIe siècle et l'on peut légitimement s'interroger sur l'homogénéité réelle d'un discours d'une telle longévité. Pour notre part nous n'aurons pas à affronter cette difficulté dans la mesure où nous ne considérerons que le jansénisme de la «première génération», celui qui a été en contact avec l'humanisme dévot, et dont les auteurs majeurs sont Saint-Cyran, Antoine Arnauld, Pascal, Pierre Nicole... Cette limitation est d'autant plus nécessaire que le jansénisme a beaucoup évolué: d'un discours religieux prophétique, radical il en est venu peu à peu, surtout au XVIIIe siècle, à constituer une contestation socio-politique, alliée objective des «philosophes». Il serait intéressant de voir si cette évolution s'est accompagnée d'une modification de la sémantique du discours, et si oui à quel niveau.
[26] Nous n'approfondirons pas cette notion de «discours dévot». Cette typologie n'a rien en fait d'une évidence transhistorique. Le XVIIe siècle se distingue précisément par la polarisation du discours religieux sur les *pratiques*, lesquelles commandent les oppositions doctrinales.
[27] Par là nous évoquons des ensembles idéologiques aussi larges que le libéralisme, l'Islam, le catholicisme, etc... non sous leur forme spéculative, mais comme idéologies de masse d'une remarquable longévité.

Chapitre 1
Primauté de l'interdiscours

Quand les linguistes doivent affronter l'hétérogénéité énonciative ils sont amenés à distinguer deux modes de présence de «l'Autre» dans un discours: l'hétérogénéité «montrée» et l'hétérogénéité «constitutive»[1]. La première seule est accessible aux appareils linguistiques, dans la mesure où elle permet d'appréhender des séquences délimitées qui affichent clairement leur altérité (discours rapporté, autocorrections, mots entre guillements, etc...). La seconde en revanche ne laisse pas de marques visibles: les mots, les énoncés d'autrui y sont si intimement liés au texte qu'ils ne peuvent être appréhendés par une approche linguistique *stricto sensu*. Notre propre hypothèse du primat de l'interdiscursif s'inscrit dans cette perspective d'une hétérogénéité constitutive, qui noue dans un rapport inextricable le Même du discours et son Autre.

Cette hypothèse, si on ne la spécifie pas davantage, n'est pas sans rencontrer un certains nombre d'orientations qui jouissent actuellement d'une large faveur dans le champ des sciences humaines, et en particulier dans le domaine de l'analyse textuelle. En ce qui regarde la théorie de la littérature, par exemple, on a vu G. Genette publier une *Introduction à l'architexte*[2] dans laquelle il est avancé que l'objet de la poétique n'est pas le texte singulier mais l'«architextualité», c'est-à-dire tout ce qui met en relation un texte avec d'autres. En 1982 a paru un second ouvrage du même auteur, *Palimpsestes*[3], avec un sous-titre significatif, «La littérature au second degré», traitant de l'«hypertextualité», autrement dit de «toute relation unissant un texte B (*hypertexte*) à un texte antérieur A (*hypotexte*) sur lequel il se greffe d'une manière qui n'est pas celle du commentaire»[4].

Cette convergence n'est évidemment pas un hasard. Elle prend place dans l'ensemble de la problématique de l'énonciation et témoigne d'une de ces impulsions qui traversent tout un champ de recherches pendant un certain nombre d'années. Même s'il est plus que douteux qu'entre l'«Autre» de la psychanalyse lacanienne, par exemple, et les «Autres» des théories de l'énonciation, de l'idéologie ou du discours il existe des points de recoupement précis et intéressants, ces formulations apparement voisines sur le caractère «polyphonique» de la parole[5] ou le décentrement du sujet d'énonciation contribuent à susciter une sorte d'unanimité. On est alors naturellement porté à «redécouvrir» les recherches de «précurseurs», en particulier celles du «cercle de M. Bakhtine», qui font du rapport à l'Autre le fondement de la discursivité.

De Bakhtine on connaissait surtout ses travaux sur Dostoievski et Rabelais[6]; en 1981 T. Todorov a publié une anthologie sélective de ses réflexions, groupées autour du «principe dialogique», c'est-à-dire du caractère constitutif de l'interaction énonciative. Il s'agit davantage de variations sur quelques idées forces (*dialogisme/monologisme, relatif/absolu, hétérogène/homogène...*) que d'un système rigoureusement articulé, mais cette vision de l'activité langagière converge largement avec nos préoccupations sur l'interdiscursivité. Pour le théoricien soviétique,

> le discours rencontre le discours d'autrui sur tous les chemins qui mènent vers son objet, et il ne peut pas ne pas entrer avec lui en interaction vive et intense[7].

Il y a là une option philosophique fondamentale qui revient à décentrer l'être vers la communication:

> *Etre* signifie *communiquer*... L'homme ne possède pas de territoire intérieur souverain, il est entièrement et toujours sur une frontière; en regardant à l'intérieur de soi, il regarde dans les yeux d'autrui ou à travers les yeux d'autrui[8].

Si en un sens notre démarche s'inscrit dans la même perspective que celle de Bakhtine, celle d'une «hétérogénéité constitutive», nous opèrerons néanmoins dans un cadre restreint, assignant à cette orientation générale un cadre méthodologique et un domaine de validité beaucoup plus précis.

I

Jusqu'ici nous avons parlé d'«interdiscours» sans spécification ultérieure. Il va nous falloir affiner ce terme trop vague pour notre propos et lui substituer une triade: *univers discursif, champ discursif, espace discursif*.

On appellera «univers discursif» l'ensemble des formations discursives de tous types qui interagissent dans une conjoncture donnée. Cet univers discursif représente nécessairement un ensemble fini même s'il ne peut être appréhendé dans sa globalité. Il est de peu d'utilité pour l'analyste et définit seulement une étendue maximale, l'horizon à partir duquel seront construits des domaines susceptibles d'être étudiés, les «champs discursifs».

Par ce dernier terme il faut entendre un ensemble de formations discursives qui se trouvent en concurrence, se délimitent réciproquement en une région déterminée de l'univers discursif. « Concurrence » est à prendre de la manière la plus large; elle inclut aussi bien l'affrontement ouvert que l'alliance, la neutralité apparente, etc... entre des discours qui possèdent la même fonction sociale et divergent sur la façon dont il faut la remplir. Il peut s'agir de champ politique, philosophique, dramaturgique, grammatical, etc... Ce découpage en « champs » ne définit pas des zones insulaires; il n'est qu'une abstraction nécessaire, qui doit permettre d'ouvrir de multiples réseaux d'échanges. On sait que Michel Serres s'est fait l'apôtre de cette mise en communication généralisée, lisant une fable de La Fontaine à travers la grille de la mathesis cartésienne [9] ou la « Chronique des Rougon-Macquart » à travers les concepts de la thermodynamique du XIXe siècle [10]. Au chapitre VI nous proposerons d'ailleurs de dessiner des correspondances entre champ du discours dévot et champ scientifique.

On se doute que la délimitation de tels champs n'a rien d'évident, qu'il ne suffit pas de parcourir l'histoire des idées pour les voir s'offrir d'eux-mêmes à la prise de l'analyste. A ce niveau force est d'opérer des choix, d'énoncer des hypothèses: par exemple, nous avons pour notre corpus de référence isolé un champ « dévot » au lieu de nous contenter d'envisager directement un champ « religieux ». En tant qu'êtres de raison ces champs ne coïncident pas avec un découpage empirique en termes d'auteurs; on sait qu'un auteur comme Antoine Arnauld est l'auteur aussi bien de la *Grammaire* et de la *Logique* dites de Port-Royal que d'écrits religieux: ce n'est évidemment pas une raison pour inclure la grammaire et la logique dans le champ dévot. Certes, il est inévitable qu'on s'interroge sur une telle interférence, mais on ne saurait en faire un préalable.

C'est à l'intérieur du champ discursif que se constitue un discours et nous faisons l'hypothèse que cette constitution peut se laisser décrire en termes d'opérations régulières sur les formations discursives déjà existantes. Ce qui ne signifie cependant pas qu'un discours se constitue au même titre avec *tous* les discours de ce champ; ne serait-ce qu'en raison de son évidente hétérogénéité : une hiérarchie instable oppose discours dominants et dominés et ils ne se situent pas nécessairement tous sur le même plan. Il n'est donc pas possible de déterminer *a priori* les modalités des relations entre les diverses formations discursives d'un champ.

On est alors conduit à isoler dans le champ des *espaces discursifs*, c'est-à-dire des sous-ensembles de formations discursives dont l'analyste juge la mise en relation pertinente pour son propos. De telles restrictions ne peuvent qu'être le résultat d'hypothèses fondées sur une connaissance des textes et un savoir historique, qui seront par la suite confortées ou infirmées quand la recherche a progressé. C'est ainsi que l'espace discursif que nous avons construit en associant humanisme dévot et jansénisme n'était pas donné à l'avance et a résulté d'un choix : même s'il était dominant, le discours humaniste dévot n'était pas le seul à travers lequel le discours janséniste aurait pu se constituer. Sur ce sujet nous nous sommes appuyé sur l'idée défendue par certains spécialistes selon laquelle le jansénisme s'expliquerait essentiellement comme une «réaction» contre l'humanisme dévot[11]. On peut d'ailleurs noter que la montée du jansénisme est allée de pair avec l'affaiblissement puis l'extinction de son adversaire.

Ces tâtonnements dans la détermination des composants pertinents de l'espace discursif ne sont en rien rhétoriques. On pourrait croire qu'il suffit de considérer quel(s) autre(s) discours du champ sont cités et récusés par le discours

« second »[12] pour les identifier comme le(s) discours « premier(s) » à travers le(s)quel(s) celui-ci s'est constitué. En fait, ces polémiques explicites ne sont pas un symptôme sûr, et l'on peut fort bien concevoir que la relation constitutive ne s'accompagne que de peu d'indices au niveau de la surface discursive; sur ce point seule importe en dernière instance la prise en compte des fondements sémantiques des discours.

Reconnaître ce type de primauté de l'interdiscours, c'est inciter à construire *un système dans lequel la définition du réseau sémantique circonscrivant la spécificité d'un discours coïncide avec la définition des relations de ce discours à son Autre*[13]. Au niveau des conditions de possibilité sémantiques il n'y aurait donc qu'un espace d'échanges et jamais d'identité close. Ce point de vue va à l'encontre de celui qu'adoptent spontanément les énonciateurs discursifs; ces derniers, loin d'admettre ce décentrement radical, revendiquent en effet l'autonomie de leur discours. Illusion inéluctable qui dans le cas du discours religieux ne peut qu'être renforcée: chaque discours suppose sa conformité avec une Parole divine absolue.

Cette mise en cause d'une conception primaire de la « clôture » structurale s'inscrit dans le prolongement d'un courant de l'analyse du discours qui cherche à repenser les rapports du Même et de l'Autre tels qu'ils se dessinaient dans les années 60. Les procédures utilisées à cette époque visaient à révéler l'identité à soi de chaque formation discursive grâce à la construction de noyaux d'invariance autour de quelques points privilégiés du discours[14]. Dans ce cadre la relation aux autres formations discursives ne pouvait être pensée que sur le mode spontané de la juxtaposition d'unités extérieures les unes aux autres. L'interdiscours apparaissait comme un ensemble de relations entre divers « intradiscours » compacts. Ce qu'il s'agit dès lors de subvertir, c'est cette équivalence entre extérieur du discours et interdiscours, pour penser la présence de l'interdiscours au cœur même de l'intradiscours, ce que J.-J. Courtine appelle «l'*inconsistance* d'une formation discursive, entendue comme effet de l'interdiscours en tant qu'extérieur spécifique d'une formation discursive à l'intérieur même de celle-ci»[15].

Ainsi, l'Autre ne doit-il pas être pensé comme une sorte d'«enveloppe» du discours, lui-même considéré comme l'enveloppe des citations prises dans sa clôture. Dans l'espace discursif l'Autre n'est ni un fragment localisable, une citation, ni une entité extérieure; il n'est pas nécessaire qu'il soit repérable par quelque rupture visible de la compacité du discours. Il se trouve à la racine d'un Même toujours déjà décentré par rapport à lui-même, qui n'est à aucun moment envisageable sous la figure d'une plénitude autonome. Il est ce qui fait systématiquement défaut à un discours et lui permet de se fermer en un tout. Il est cette part de sens qu'il a fallu que le discours sacrifie pour constituer son identité.

De cela découle *le caractère foncièrement dialogique de tout énoncé du discours*, l'impossibilité de dissocier l'interaction des discours du fonctionnement intradiscursif. Cette intrication du Même et de l'Autre ôte à la cohérence sémantique des formations discursives tout caractère d'«essence» dont l'inscription dans l'histoire serait accessoire; ce n'est pas d'elle-même que la formation discursive tire le principe de son unité mais d'un conflit réglé.

De cette manière on peut espérer aller au-delà de la distinction entre hétérogénéité «montrée» et hétérogénéité «constitutive», révéler le rapport à l'Autre indépendamment de toute forme d'altérité marquée. On n'aura pas à limiter l'orientation «dialogique» aux seuls énoncés porteurs de citations, d'allusions, etc... puisque l'Autre dans l'espace discursif n'est nullement réductible à une figure d'interlocuteur. Certes, on pourrait considérer que pour chacun des discours son Autre est un *tu* virtuel, mais ce serait là un présentation plus élégante qu'éclairante. Si on tient absolument à penser en termes de personne linguistique, peut-être serait-il plus juste de voir dans l'Autre un *je* auquel devrait constamment s'arracher l'énonciateur discursif. Il serait alors en quelque sorte *l'interdit* d'un discours; la formation discursive en délimitant la zone du dicible légitime assignerait par là même à l'Autre la zone de l'interdit, c'est-à-dire du dicible fautif. Si dans l'univers du grammaticalement dicible un discours définit un îlot d'énoncés possibles qui sont censés saturer l'énonciation à partir d'une position donnée, dans l'ensemble des énoncés ainsi récusés il définit également un territoire comme celui de son Autre, de ce qui plus que toute autre chose ne doit pas être dit. L'Autre circonscrit donc justement le dicible insupportable sur l'interdit duquel s'est constitué le discours; dès lors il n'a pas besoin de dire à chaque énonciation qu'il répugne à cet Autre, qu'il exclut par le seul fait de son dire.

En effet, à partir du moment où ce sont les articulations fondamentales d'une formation discursive qui se trouvent prises dans ce dialogisme, la totalité des énoncés qui se développent à travers elles sont *ipso facto* inscrits dans cette relation, tout énoncé du discours rejetant un énoncé, attesté ou virtuel, de son Autre de l'espace discursif. C'est dire que ces énoncés ont un «endroit» et un «envers» indissociables: on doit les déchiffrer sur leur «endroit» (en les rapportant à leur propre formation discursive) mais aussi sur leur «envers», en tant qu'ils sont tournés vers le rejet du discours de leur Autre[16]. Ce dernier n'a donc ni la rassurante compacité d'un «hypotexte» parodié comme chez G. Genette, ni l'absence déstabilisatrice de l'Autre de la psychanalyse lacanienne.

Ne devrait-on pas considérer pourtant que le discours, tel un palimpseste, dissimule son Autre de la même manière qu'une parodie dissimule l'«hypotexte» qu'elle imite? En fait, la pratique hypotextuelle constitue un procédé délibéré et ne met pas nécessairement en relation des textes du même champ discursif historiquement contigus. Nous sommes loin ici de la relation constitutive qui fonde l'espace discursif et dont seule l'analyse sémantique peut établir l'existence et les règles, ignorées des énonciateurs concernés.

Quant à déporter cet «Autre» vers celui du discours psychanalytique, ce serait un geste largement illusoire. Si l'inconscient double comme un envers le langage, mais sur une autre scène, et ne se laisse percevoir que par les interférences, les lacunes, les glissements... qu'il introduit dans la chaîne signifiante, l'Autre de l'espace discursif, lui, représente l'intervention d'un ensemble textuel historiquement définissable qui se trouve sur la même scène que le discours. On pourrait d'ailleurs faire des remarques voisines à propos de la dualité du texte qu'instaure la réflexion de Derrida. Chez le philosophe de la «differance» il y a bien également deux discours en un, mais il s'agit du même qui est lu sur deux plans distincts, celui d'une «philosophie de la présence» et celui d'une «pensée de la non-présence». Le second texte se laisse lire dans les fissures du premier, décalé par rapport à lui-même. A l'évidence, ce jeu contre la métaphysique n'a rien à voir avec notre démarche qui se déploie dans une pensée de la «présence» et ne fait pas de l'Autre «le tout sans nouveauté qu'un espacement de la lecture»[17].

II

Pour le moment nous avons admis comme une évidence qu'il existait une dissymétrie radicale entre les protagonistes de l'espace discursif. Dans la mesure où chronologiquement c'est le discours précisément dit «second» qui se constitue à travers le discours «premier», il semble en effet logique de penser que ce discours premier est l'Autre du discours second, mais que l'inverse n'est pas possible. En réalité, les choses sont beaucoup moins simples.

Le discours premier ne permet pas la constitution de discours seconds sans en être menacé lui-même dans ses fondements; si comme nous le pensons, les soubassements sémantiques de telles formations discursives sont très contraints et peu variés, les transformations interdiscursives globales qu'on peut leur appliquer pour en constituer de nouvelles ne le sont pas moins. A partir du moment où cette transformation est un processus qui concerne l'ensemble des conditions de possibilité sémantiques du discours premier et dont le produit est un discours concurrent, on conçoit aisément que le discours second soit immédiatement appréhendé par le discours premier comme une figure privilégiée de son Autre. Comme il ne s'est pas non plus constitué *ex nihilo* mais à l'intérieur d'un espace discursif antérieur, il est compréhensible que le discours second le reconduise à tout ou partie de l'Autre au travers duquel il s'est lui-même constitué.

Dans ces conditions, la tendance du discours premier à confondre dans un même rejet ses deux Autres, celui d'avant et celui d'après, apparaît presque inévitable; cela explique par exemple que le discours humaniste dévot ait cru pouvoir lire dans le discours janséniste une forme de discours protestant, lequel avait précisément joué un rôle déterminant dans sa propre constitution. Une telle identification est néanmoins trompeuse, car l'aire de variation des systèmes discursifs n'est pas contrainte au point de définir une alternance parfaite : A permettrait de produire B, B de produire C, qui coïnciderait avec A, et ainsi de suite. Ne serait-ce que parce que les espaces discursifs peuvent contenir plus de deux termes : si le discours janséniste semble s'être construit à peu près exclusivement à travers l'humanisme dévot, ce dernier en revanche s'est certainement élaboré à partir de plus d'un discours. De plus, la rigueur des restrictions sémantiques ne va pas jusqu'au monolithisme : ce n'est pas une formation discursive mais plusieurs familles que l'on peut dériver d'un système premier. Ainsi, il demeure une marge considérable de «jeu», même si c'est à l'intérieur de limites strictes.

La dissymétrie liée à l'ordre de la genèse ne recouvre pas la totalité des relations entre discours premier et discours second ; ce dernier ne fait pas disparaître instantanément celui dont il dérive et il arrive même qu'il ne le fasse pas disparaître du tout. Cette période de coexistence d'une durée variable s'accompagne de conflits plus ou moins ouverts. Quand on envisage cette période on doit faire abstraction de la dissymétrie chronologique : le conflit confronte deux discours du même champ et ne saurait à ce niveau prendre en compte une dissymétrie génétique.

L'espace discursif possède donc un double statut ; on peut l'appréhender comme un modèle dissymétrique permettant de décrire la constitution d'un discours, mais aussi comme un modèle symétrique d'interaction conflictuelle entre deux discours pour lesquels l'autre représente tout ou partie de son Autre. C'est ce dernier aspect, celui d'un processus de double traduction, qui va nous retenir pour l'essentiel.

Supposons maintenant que le discours premier s'efface ; puisque de ce fait le discours second se trouve inscrit dans un champ discursif différent on pourrait s'attendre à ce que son Autre s'efface également et qu'en conséquence il se disloque lui-même. En réalité les choses sont plus complexes et l'on doit distinguer pour le discours second une *phase de constitution* et une *phase de conservation*; dans cette dernière phase même si la présence de l'Autre constitutif a disparu la manière dont le discours second va gérer ses nouvelles relations interdiscursives reste déterminée par le réseau sémantique au travers duquel il s'est constitué : situations et protagonistes peuvent varier, ils seront analysés par la grille originelle, celle-là même qui assure l'identité de la formation discursive. Une telle permanence s'explique mieux si l'on distingue la disparition d'un discours de sa marginalisation et de la redistribution de son aire sématique. Le plus souvent en effet le discours ne disparaît pas, ses supports ne s'évanouissant pas brutalement, mais il recule à la périphérie ou, chose à laquelle on pense moins, l'aire sémantique qu'il recouvrait se trouve totalement ou partiellement reprise par un autre ou redistribuée entre plusieurs. Autrement dit, si le discours second n'a plus affaire au discours premier il n'en a pas pour autant nécessairement fini avec les structures sémantiques correspondantes, dans lesquelles il continuera à lire la figure de son Autre.

Mais cela ne saurait durer indéfiniment, et il vient un moment où se défait le système qui fonde la formation discursive. Dès lors disparaît tout lien effectif avec l'Autre constitutif, même si l'on continue à croire en la légende originelle, à s'inscrire dans sa filiation : l'appartenance sémantique d'un énoncé ne coïncide plus avec celle que revendique son auteur.

III

Cette conception de la genèse des discours ne vise nullement à faire coïncider nécessité historique et nécessité logico-sémantique dans le cadre d'une sorte d'hegelianisme diffus. Nous posons simplement qu'un discours second est dérivable régulièrement d'un ou plusieurs autres du champ; nous ne prétendons pas que d'un champ on ne puisse dériver qu'un seul discours en vertu d'une loi stable, dialectique ou autre. Il n'existe aucune autogénération de ces systèmes; la sémantique discursive ne peut expliquer pourquoi c'est tel discours plutôt que tel autre qui s'est constitué : c'est le travail de l'historien. En revanche, elle devrait pouvoir dire à quelles contraintes est soumise une telle constitution, à quelles conditions le « nouveau » est possible. A ce sujet l'on rejoint un peu les préoccupations de R. Jakobson et J. Tynianov en matière d'histoire de la littérature :

> La révélation des lois immanentes à l'histoire de la littérature (ou de la langue) nous permet de caractériser chaque substitution effective de systèmes littéraires (ou linguistiques) mais elle ne nous permet pas d'expliquer le rythme de l'évolution ni la direction qu'elle choisit lorsqu'elle est en présence de plusieurs voies évolutives théoriquement possibles [18].

Ces auteurs semblent croire qu'il existe pour un système donné un « nombre limité » de solutions de remplacement. En réalité, il s'agit d'un champ interdiscursif et non d'un système unique; en outre on ne voit pas comment cerner la liste des discours possibles à partir d'un champ donné, comment faire des prédictions, même larges. L'optimisme des formalistes russes les entraîne donc beaucoup trop loin; leur formule, « l'histoire du système est à son tour un système... Chaque système synchronique contient son passé et son avenir » [19] n'est pas recevable, même si elle a le mérite de poser des questions que l'analyse textuelle contemporaine laisse dans l'ombre.

Notre hypothèse entretient donc un rapport double avec la discontinuité, suscitant certaines lignes de rupture, en éliminant d'autres. Elle suscite des ruptures en instituant des zones de régularités, espace ou formation discursifs, qui s'écartent des processus de continuation familiers à l'histoire des idées traditionnelle. C'est là une problématique bien connue, que développe *l'Archéologie du savoir*. Mais en même temps le fait de chercher à penser des formes de *transition* entre ces zones de régularité, d'affirmer l'interdiscours comme unité pertinente, nous conduit à récuser toute juxtaposition de régions discursives insulaires.

Dans son *Abrégé de l'histoire de Port-Royal* Racine dit son étonnement devant la discontinuité qui a traversé le discours dévot vers le milieu du XVIIe siècle :

> Les Jésuites s'étaient vus longtemps en possession du premier rang dans les lettres, et on ne lisait presque d'autres livres de dévotion que les leurs. Il leur était donc très sensible de se voir déposséder de ce premier rang et de cette vogue par de nouveaux venus devant lesquels il semblait, pour ainsi dire, que tout leur génie et tout leur savoir se fussent évanouis. En effet, il est assez surprenant que depuis le commencement de ces disputes il ne soit sorti de chez eux aucun ouvrage digne de la réputation que leur Compagnie s'était acquise ; comme si Dieu, pour se servir des termes de l'Ecriture, leur avait tout à coup ôté leurs Prophètes[20].

On comprend qu'un dramaturge soit sensible à ce coup de théâtre qui renverse les situations acquises. En bon janséniste il ne peut qu'y lire la main de Dieu, *ex machina* ; c'est un événement qui relève de la Grâce et ne peut s'inscrire dans la continuité d'aucune économie humaine.

Mais ce qui intéresse l'analyste du discours et l'historien, c'est au contraire ce déplacement de la rumeur publique qui fait qu'un discours périclite, que ses ouvrages restent invendus tandis qu'une autre production monte au zénith.

Dans sa phase triomphante le structuralisme s'accommodait assez bien d'une telle théologie de la discontinuité; c'était la faille impensable qui lui permettait de parcourir des blocs homogènes:

> Le statut des discontinuités n'est pas facile à établir pour l'histoire en général. Moins encore sans doute pour l'histoire de la pensée... Mais a-t-on le droit d'établir, en deux points du temps, des ruptures symétriques, pour faire apparaître entre elles un système continu et unitaire? D'où viendrait alors qu'il se constitue, d'où viendrait ensuite qu'il s'efface et bascule? A quel régime pourraient bien obéir à la fois son existence et sa disparition? S'il a en lui son principe de cohérence, d'où peut venir l'élément étranger qui peut le récuser? (...) Mais peut-être n'est-il pas temps encore de poser le problème; il faut probablement attendre que l'archéologie de la pensée se soit davantage assurée... Qu'il suffise donc pour l'instant d'accueillir ces discontinuités dans l'ordre empirique, à la fois évident et obscur, où elles se donnent[21].

Ces lignes de Foucault sont tout à fait significatives. Pour Edgar Morin cette volonté de dégager de tels « systèmes continus et unitaires » serait un vice profond du structuralisme, qui rêverait de supprimer la catégorie de l'événement:

> Victimes d'un point de vue mécano-physique aujourd'hui dépassé dans la physique moderne, victimes d'un fonctionnalisme aujourd'hui dépassé dans la biologie moderne, les sciences humaines et surtout sociales s'efforcent d'expulser l'événement[22].

En fait, il serait plus exact de dire que l'expulsion des événements dans la structure va de pair avec une polarisation sur ce double Evénement, « évident et obscur », l'émergence et la disparition de la structure elle-même.

Le pourquoi de ce double événement, on a vu que la sémantique du discours n'en détient pas la clé et qu'elle ne pouvait s'intéresser qu'au comment du basculement d'un régime discursif à un autre. Si un discours « a en lui son principe de cohérence, d'où peut venir l'élément étranger qui peut le récuser ? », demandait Foucault; nous avons fait l'hypothèse que cette structure « étrangère » venait justement d'une exploitation systématique du manque que le discours premier avait lui-même institué en se constituant.

Il semble que Foucault ne se soit guère intéressé à ce type de relations interdiscursives. Quand il évoque les « formes de coexistence »[23] entre discours, c'est pour énumérer les diverses sortes de discours rapporté (« champ de présence »), l'utilisation de discours d'autres champs (« champ de concomitance »), le « domaine de mémoire » (rapport à des énoncés qui ne sont plus ni admis ni discutés mais en relation de filiation ou discontinuité avec la formation discursive). Quant aux discours en « délimitation réciproque »[24], ils sont envisagés synchroniquement.

Ce peu d'intérêt pour les discours immédiatement antérieurs du même champ, corrélatif de l'importance accordée aux relations synchroniques entre discours de champs différents, s'inscrit dans le prolongement de deux courants. Le premier est celui de l'histoire des sciences traditionnelle qui en matière d'invention scientifique accorde une place privilégiée à la circulation des concepts, des modèles d'une science à une autre, ou plus largement d'un domaine quelconque à un domaine scientifique. Ces transferts peuvent être conscients (cf. le linguiste A. Schleicher écrivant *la Théorie de Darwin et la science du langage*[25]) ou non, mais le clivage véritable s'établit entre les historiens qui les considèrent comme des instruments qu'utilisent occasionnellement tels savants pour faire progresser leur discipline et ceux qui y voient le symptôme de contraintes universelles sur la pensée dans une aire historique donnée. Dans ce dernier cas on rejoint le second courant.

C'est celui dont relèvent *les Mots et les choses* ou les travaux de Michel Serres, lesquels montrent comment à un moment déterminé des champs de savoir très variés, les plus éloignés en apparence, s'avèrent isomorphes. Dans un tel cadre il ne sert plus à rien de se demander d'où peut bien venir le transfert : l'isomorphisme n'a pas « d'origine », de « lieu propre »; l'espace de correspondances apparaît d'emblée comme tel, et non au terme d'un processus de diffusion progressive.

Le primat ainsi accordé par ces deux courants aux relations verticales d'isomorphisme ne fait que préserver le caractère énigmatique, impensable de la discontinuité qui sépare dans le temps les formations discursives. En fait, rien n'empêcherait d'imaginer des transitions isomorphes d'un état d'un champ discursif à un autre dès lors que les discours qui en résultent sont eux-mêmes isomorphes. Quoi qu'il en soit, à l'intérieur du champ il faut maintenir la primauté des relations interdiscursives sur les relations entre champs : s'il y a isomorphisme ou transfert, intentionnel ou non, d'un champ à un autre, leur condition de possibilité doit se trouver inscrite dans la structure du champ qui va en être affecté.

Derrière ces problèmes on retrouve une fois de plus la redoutable question de la *novation* en matière d'histoire des idées. Sur ce sujet on reste souvent pris dans une conception quelque peu romantique de la genèse, celle du surgissement absolu de la grande découverte, de l'œuvre géniale dans une impulsion irrésistible. Quand il s'agit de formations discursives « anonymes » on n'a pas la même curiosité; d'ailleurs s'il existe des brouillons pour un auteur on ne voit pas très bien ce que pourrait signifier un tel objet pour le jansénisme ou le discours communiste. Notre démarche, à l'encontre de la conception romantique, suppose une forte restriction non seulement sur la variété des systèmes possibles, comme on le verra, mais aussi sur celle de leurs transformations.

NOTES

[1] Opposition conceptuelle développée par Jacqueline Authier in «Hétérogénéité montrée et hétérogénéité constitutive: éléments pour une approche de l'autre dans le discours» (*DRLAV* n° 26, 1982).
[2] Seuil, 1979.
[3] Seuil, 1982. Ce problème d'intertextualité semble être en train de devenir une des préoccupations majeures des littéraires; par exemple le n° 48 (1982) de la revue *Littérature* s'intitule significativement «Texte contre-texte».
[4] *Op. cit.* pp. 11-12.
[5] Le concept de «polyphonie» est utilisé systématiquement par O. Ducrot pour distinguer dans l'énonciation celui qui produit l'énoncé de celui qui se pose comme responsable de l'assertion.
[6] *L'œuvre de François Rabelais et la culture populaire au Moyen Age et sous la Renaissance* (tr. fr. Gallimard, 1970); *La poétique de Dostoievski* (tr. fr. Seuil, 1970).
[7] *Le principe dialogique*, Seuil, p. 98.
[8] *Op. cit.* p. 148.
[9] *La Distribution*, 1977, Ed. de Minuit, «le Jeu du loup», p. 89.
[10] *Feux et signaux de brume*, Zola, Paris, Grasset, 1975.
[11] Idée implicite chez Sainte-Beuve (*Port-Royal*, Livre I, chap. IX et X); dans l'*Histoire littéraire du sentiment religieux en France* d'Henri Brémond ou encore dans *Morales du grand siècle* (Gallimard, 1948) de Paul Benichou elle constitue une thèse essentielle.
[12] On entendra désormais par ce terme le discours qui s'est constitué à travers les autres. Quand nous parlons de «discours premier» au singulier, c'est pour simplifier: en réalité, il peut s'agir d'un pluriel, comme on l'a dit.
[13] Il est entendu que cet «Autre» muni d'une majuscule ne coïncide pas avec son homonyme lacanien. Nous employons ce terme parce que nous n'en voyons pas de meilleur. On peut se consoler en songeant que les sciences humaines ne sont plus à un homonyme près.
[14] Nous renvoyons ici à la «méthode harrissienne» d'analyse du discours qui a longtemps dominé l'étude du discours politique (sur ce point voir mon *Initiation aux méthodes de l'analyse du discours*, 2ᵉ partie).
[15] *Matérialités discursives*, Conein, Gadet *et alii* ed., Presses universitaires de Lille, 1981.
[16] Cette conception «dialogique» des énoncés en apparence les moins tournés vers un extérieur discursif n'est pas sans incidence sur leur interprétation. Je me permets de citer ici quelques lignes de Michel Le Guern, spécialiste de Pascal, sur mes propres recherches: «J'avais depuis longtemps l'intime conviction que la *Vie de Monsieur Pascal* écrite par Gilberte Périer, sa sœur, n'avait rien d'une biographie objective, mais qu'il s'agissait d'un écrit de propagande janséniste; mais je n'arrivais pas à le prouver. D.M., en passant, démontre son caractère polémique [à ce niveau je dirais plutôt «dialogique», voir p.], irréfutablement. Les indications de détail que la critique historique la plus rigoureuse obligeait à considérer comme des inexactitudes s'expliquent parfaitement par le désir de rendre l'image de Pascal la plus conforme à l'idéal sémantique du discours janséniste» (*le Discours polémique*, P.U.L., Lyon, 1980, p. 60 et 61). A vrai dire, je n'avais nullement songé à cette retombée critique en rédigeant mon travail. Je ne sais pas si des notions comme celles d'«objectivité» ou de «propagande» sont tout à fait sastisfaisantes ici; je dirais

plutôt qu'en tant qu'énonciateur du discours janséniste Gilberte ne dispose pas d'autre code.
[17] Epigraphe de *l'Ecriture et la différence* tiré de la préface du «Coup de dés» de Mallarmé.
[18] In *Théorie de la littérature*, par T. Todorov, Seuil, 1965, p. 140.
[19] *Op. cit.* p. 139.
[20] Paris, Société des Belles Lettres, 1933, p. 64.
[21] *Les Mots et les choses*, pp. 64-65.
[22] *Communications* n° 18, 1972, p. 14.
[23] *Archéologie...* p. 77.
[24] *Op. cit.* p. 89.
[25] Weimar, 1863; tr. fr. Paris, 1868.

Chapitre 2
Une compétence discursive

I

Suivant en cela une voie assez fréquentée, nous pourrions être tenté d'appeler respectivement «grammaire de l'espace discursif», «grammaire du discours» les modèles que nous nous proposons de mettre en place. Mais l'emploi d'un tel terme présenterait l'inconvénient de nous faire jouer sur deux plans à la fois, celui de la *langue* et celui du *discours*. Or à proprement parler on ne peut pas avoir pour ambition de construire la grammaire d'un discours: il n'existe pas de «langue» propre à un discours, mais des énoncés français grammaticaux soumis à des contraintes spécifiques qui en font des énoncés relevant de tel ou tel discours[1].

Le *système de contraintes sémantiques* qu'il va nous falloir définir ne vise nullement à engendrer des phrases grammaticales mais à définir des opérateurs d'individuation, un filtre qui fixe les critères en vertu desquels certains textes se distinguent de l'ensemble des textes possibles comme appartenant à une formation discursive déterminée. Pour reprendre une notion de G. Granger[2], on considèrera les structures de la langue comme un préalable qui s'impose au discours, un «code a priori». Quant aux «filtrages» opérés, ils portent sur deux domaines étroitement liés, qui délimitent le dicible d'un champ discursif donné; dans le cas des discours dévots ce seront:

- l'univers intertextuel catholique, comme espace où circulent des actants, des relations, des axiologies, des récits...
- les multiples dispositifs rhétoriques accessibles à l'énonciation religieuse (genres littéraires, modes d'argumentation, etc...).

Le contenu de ces deux domaines varie selon les discours concernés. Notre hypothèse, c'est précisément que les traitements appliqués à ces deux ensembles par un discours donné sont gouvernés par un système de contraintes unique qui doit être conçu comme une *compétence discursive.*

En général, le recours à la notion de «compétence» n'est pas considéré d'un œil favorable par ceux des analystes du discours qui se préoccupent d'articuler structures discursives et histoire. Les présupposés théoriques de leur démarche leur semblent incompatibles avec ceux de la linguistique chomskyenne. Il est vrai que Chomsky a associé à la compétence (entendue comme la connaissance intuitive qu'a le locuteur natif de sa langue, la capacité de produire et d'interpréter une infinité de phrases grammaticales inédites[3]) un arrière-plan épistémologique très douteux, en particulier l'innéisme des structures linguistiques, lié à l'existence d'un organe mental, la «grammaire», inscrit dans le code génétique. Mais la question qu'il importe de se poser, c'est s'il existe un lien nécessaire entre cette enveloppe philosophique et le recours au concept de compétence, s'«il semble possible d'accepter les propositions empiriques de la grammaire générative sans accepter l'épistémologie qui y est, dans les faits, attachée »[4].

Un ouvrage comme *l'Archéologie du savoir* est très révélateur de cette attitude de défiance à l'endroit du principe d'une compétence discursive. Pensée comme système coupé de l'histoire, corrélat d'une subjectivité transcendantale, n'apparaît-elle pas exclure une école française qui opte pour une historicité radicale de tout discours, y compris en épistémologie, et entend promouvoir un « décentrement » des formes de subjectivité philosophiques traditionnelles ? C'est bien pour conjurer la menace d'une possible dissociation entre discursivité et histoire que Foucault revient sans cesse à l'affirmation du caractère radicalement « fini », « rare » des énoncés d'une formation discursive, elle-même « figure lacunaire et déchiquetée »[5].

Cette double exigence (étendre l'espace du Même par la détermination de formations discursives et l'affecter par la mise en évidence de ses lacunes) est indépassable en tant que réquisit philosophique, mais elle ne saurait disqualifier toute idéalisation par un système de compétence discursive. A partir du moment où l'on ne se contente pas de parcourir un corpus point par point ou de le résumer, mais qu'on construit une structure où les relations restent invariantes au travers des termes particuliers qui viennent la saturer, on plonge *ipso facto* ce corpus dans un ensemble ouvert d'énoncés virtuels bien formés. Pour Foucault, dès lors que « l'analyse énonciative ne peut jamais porter que sur des choses dites »[6] le principe d'une compétence se trouverait exclu; pour nous le détour par un modèle de compétence, par ce qui *peut* être dit, permet justement de mieux rendre compte de ce qui a été effectivement dit. La seule chose qui importe, c'est de ne pas être déporté de la compétence vers une combinatoire anhistorique, ou, au contraire, par respect pour la chose énoncée, de ne pas sombrer dans la pure description.

Or quand Foucault aborde de front ce problème, ce sera bien pour renvoyer tout modèle de compétence à la seule analyse de la langue et non du discours :

> Même si elle a disparu depuis longtemps, même si personne ne la parle plus et qu'on l'a restaurée sur de rares fragments, une langue constitue toujours un système pour des énoncés possibles : c'est un ensemble fini de règles qui autorise un nombre infini de performances. Le champ des événements discursifs en revanche est l'ensemble toujours fini et actuellement limité des seules séquences linguistiques qui ont été formulées... La question que pose l'analyse de la langue, à propos d'un fait de discours quelconque, est toujours : selon quelles règles tel énoncé a-t-il été construit, et par conséquent selon quelles règles d'autres énoncés semblables pourraient-ils être construits ? La description des événements du discours pose une toute autre question : comment se fait-il que tel énoncé soit apparu et nul autre à sa place[7] ?

Mais à la dernière question de Foucault on peut fort bien ajouter celle-ci, non moins légitime et qui intervient à un niveau logiquement antérieur : comment se fait-il que telle compétence discursive soit apparue et nulle autre à sa place ? Une telle question n'est pas posée dans la mesure où l'auteur définit ainsi le rapport entre formation discursive et énoncé :

> La formation discursive se caractérise non point par des principes de construction mais par une dispersion de fait, qu'elle est pour les énoncés non pas une condition de possibilité mais une loi de coexistence, et (que) les énoncés en retour ne sont point des éléments interchangeables mais des ensembles caractérisés par leur modalité d'existence[8].

En fait, au-delà de ces options divergentes on peut se demander si ne se profile pas l'ombre des types de discours qui leur servent tacitement de support. La « grammaire générale » du XVIIe ou l'« économie politique » du XIXe siècle ne sont pas du tout soumises aux mêmes conditions d'existence que les discours qualifiés communément d'«idéologies». Ce n'est pas sans raison que Foucault, comme on l'a noté, évacue de son projet l'étude de la «textualité» proprement dite: pour lui il s'agit avant tout d'articuler des énoncés sur des choix épistémologiques implicites et premiers. En revanche, le type de discours que nous visons de manière privilégiée délivre des énoncés en prise beaucoup plus immédiate sur le vécu de larges couches de population. Même s'ils sont nombreux, leurs auteurs ne constituent eux-mêmes qu'un sous-ensemble restreint d'innombrables autres énonciateurs, dont par leurs écrits ils sont à la fois l'écho et le support. L'énonciation dévote, par exemple, comme la sous-littérature romanesque ou théâtrale, est finie pour une époque donnée, mais à l'intérieur des limites d'une formation discursive elle est néanmoins surabondante et ressassante: ici il ne s'agit pas de proposer des modèles des propriétés d'objets empiriques, comme pour les «savoirs» qu'étudie Foucault, mais d'opérer des variations à l'infini sur des schèmes sémantiques élémentaires. La «rareté» la plus extrême que l'on puisse appréhender ici, c'est justement celle des systèmes de compétence eux-mêmes, si pauvres eu égard à l'immensité et à la diversité de la surface textuelle qu'ils autorisent.

II

On ne doit pourtant pas se dissimuler que la notion de compétence peut présenter l'inconvénient de mener certains à l'idée d'un système «référé à un sujet individuel, à quelque chose comme une conscience collective»[9], au lieu de supposer «un champ anonyme dont la configuration définit la place possible des sujets parlants»[10], «une fonction vide pouvant être remplie par des individus jusqu'à un certain point indifférents lorsqu'ils en viennent à formuler l'énoncé»[11].

En revanche, elle présente l'avantage de ne pas supposer une extériorité absolue entre la *position* énonciative et les Sujets qui viennent l'occuper. Car il faut bien penser d'une manière ou d'une autre le fait que cette position soit occupable, que le discours soit énonçable. Faute de quoi, sous couleur de ne pas réintroduire le Sujet idéaliste, on aboutit à une conception peu satisfaisante des énonciateurs discursifs, cires molles qui se laisseraient « dominer », « assujettir » par un discours tout-puissant. Parler d'« assujettissement », de « domination », ce n'est qu'une façon de dire le résultat d'un processus d'inscription dans une activité discursive qui demeure par ailleurs assez mystérieux; du moins dans son aspect formel, dans la mesure où nous n'évoquons pas ici la dimension psychanalytique du problème. Pour sortir de cette difficulté on est alors tenté de poser une sorte de tautologie : si tels énonciateurs ont pu intérioriser le fonctionnement d'un discours dans toute sa complexité, c'est tout simplement parce que ce dernier leur était imposé par leur position sociale, qu'il existait un lien, obscur mais nécessaire, entre la nature de ce discours et l'appartenance à tel groupe ou classe.

Nous retrouvons ici une des critiques à l'endroit du structuralisme que nous avons évoquées dans l'introduction : en se contentant souvent d'une analyse de l'architecture des énoncés il n'aurait pas suffisamment pris en compte le fait, crucial, de leur appropriation par des énonciateurs. Or il faut bien penser le simple fait qu'un Sujet puisse produire des énoncés relevant de tel ou tel discours, qu'il puisse maîtriser le système de règles qui les rend possibles. Pour Foucault,

> Les règles de formation ont leur lieu non pas dans la « mentalité » ou la conscience des individus, mais dans le discours lui-même; *elles s'imposent* par conséquent, selon une sorte d'anonymat uniforme, à tous les individus qui entreprennent de parler dans ce champ discursif[12].

Certes, mais on aimerait précisément avoir quelque lumière sur la manière dont peuvent précisément s'imposer de telles règles. Au-delà des contraintes d'ordre historique il faut bien faire intervenir des contraintes d'ordre «systémique».

Le principe d'une compétence discursive permet d'éclairer un peu l'articulation du discours et la capacité des Sujets d'interpréter et de produire des énoncés qui en relèvent. Sur ce point on retrouve une problématique classique en grammaire générative, celle du mode d'acquisition des structures grammaticales. Pour Chomsky les hypothèses sur la grammaire doivent aussi permettre d'expliquer l'aptitude remarquable qu'ont les locuteurs d'en faire rapidement l'apprentissage à partir d'un nombre limité de performances. Dans le cas de la compétence discursive, plutôt que d'invoquer une sorte d'«imprégnation» mystérieuse pour en expliquer l'acquisition il serait plus vraisemblable de postuler qu'il existe une relation étroite entre la simplicité du système de contraintes du discours et la possibilité de le maîtriser.

Cette perspective permettrait en outre de mieux rendre compte de la possibilité d'une marge de «jeu» importante entre la maîtrise d'une compétence discursive et le vécu des énonciateurs.

Au cours de sa vie le même individu peut, successivement et parfois simultanément, s'inscrire dans des compétences discursives distinctes, bien qu'on ait facilement tendance à s'imaginer que chacun est associé à une et une seule compétence. Cette stabilité est peut-être vraie pour quelques personnalités, qui se sont identifiées complètement à un certain discours, mais elle est démentie par les données les plus évidentes. Ce n'est pas parce qu'à un moment donné la domination discursive a basculé, qu'un discours s'est tari ou marginalisé que tous les usagers se sont tus ou ont laissé la parole à d'autres énonciateurs. La capacité d'adaptation de la grande majorité ne fait aucun doute : la plupart des prédicateurs, journalistes, etc... catholiques d'avant le concile Vatican II n'ont pas laissé la place à d'autres ; ils ont changé de discours. De ces phénomènes il peut être plus aisément rendu compte si on postule l'existence d'une compétence aux règles simples : les Sujets sont d'autant moins enfermés dans un «paradigme»[13] que l'accès à un nouveau paradigme discursif est formellement tout à fait facile.

D'aucuns pourront être surpris par le transfert dans le domaine du discours de considérations d'ordre plutôt «cognitif», et voir là quelque dérive psychologiste incompatible avec la nature de la discursivité. En réalité, il ne faut pas confondre deux choses : la structure du contenu de cette compétence et ses conditions de possibilité formelles. Il est évident que le contenu (c'est-à-dire les catégories sémantiques considérées à travers le système qui les articule) est historiquement déterminé et que les Sujets ne choisissent pas «librement» leur discours, mais il reste à expliquer que ce discours en soit un, qu'il possède les propriétés de structure correspondant à ce statut. C'est ce dernier aspect qui nous intéresse ici.

Sur ce point le simple fait de la pratique du pastiche donne matière à réflexion. Pour expliquer la possibilité d'un pastiche (ou d'un faux, peu importe à ce niveau), on est naturellement conduit à supposer une certaine «compétence» chez le pasticheur. Celui-ci ne peut en effet produire des textes que si par sa fréquentation d'un ensemble fini d'énoncés relevant d'un discours fortement individué, il a suffisamment bien intériorisé les règles qui le sous-tendent pour pouvoir en produire un nombre indéfini de nouveaux. Etant donné la complexité de la structuration textuelle, le pasticheur serait bien incapable d'expliciter le système qu'il a su maîtriser à partir d'un nombre limité de performances effectives. En cela sa situation est *mutatis mutandis* comparable à celle du locuteur d'une langue, avec cette différence que la pratique du pastiche suppose des dons mimétiques particuliers[14].

Si le pastiche nous retient ici, c'est parce qu'il permet de mieux comprendre la situation de l'énonciateur discursif. Qu'est-ce en effet qu'être énonciateur d'un discours? C'est:

- être capable de reconnaître des énoncés comme «bien formés», c'est-à-dire relevant de sa propre formation discursive,

mais aussi

- être capable de produire un nombre illimité d'énoncés inédits appartenant à cette formation discursive.

Il s'agit là, bien sûr, d'une compétence, c'est-à-dire comme chez le pasticheur d'une connaissance tacite. A un certain niveau les deux dimensions de la compétence qui viennent d'être distinguées se fondent: le producteur d'énoncés est en même temps «lecteur» de sa propre production et l'identification d'énoncés d'autrui comme relevant de son propre discours peut être pensée comme coïncidence avec des énonciations virtuelles, celles qu'on aurait pu ou dû réaliser soi-même.

Cette première formulation s'avère néanmoins inadéquate car elle ne prend pas en compte la dimension interdiscursive. Dans le cadre de l'espace discursif la compétence doit être pensée comme *compétence interdiscursive*; ce qui suppose:

- l'aptitude à reconnaître l'incompatibilité sémantique des

énoncés de la ou les formation(s) de l'espace discursif qui constitue(nt) son Autre ;

l'aptitude à interpréter, traduire ces énoncés dans les catégories de son propre système de contraintes.

Ici encore la distinction est superficielle, les deux aspects convergeant en profondeur.

Par définition l'énonciateur d'un discours donné ne peut se poser en faussaire des énoncés de son Autre. S'il cherche à les «imiter» il ne pourra produire que des textes relevant de sa propre compétence. Quand dans les *Provinciales* 5 à 10 Pascal met en scène un énonciateur humaniste dévot défenseur de la casuistique il ne saurait mettre dans sa bouche des énoncés humanistes dévots véritables, mais seulement des énoncés relevant du registre négatif de la compétence janséniste[15]. Si l'on se demande à quelles conditions un discours peut «donner la parole» à son Autre, on doit répondre qu'une position énonciative ne peut sortir de sa clôture sémantique, qu'elle ne peut lui prêter que ses propres mots, manifestant ainsi l'irréductible discontinuité qui fonde l'espace discursif. Ce qui fait défaut à l'énonciateur quand il est confronté à son Autre, c'est bien la gratuité. Si pasticheurs et faussaires choisissent ceux qu'ils imitent avec des motivations idéologiques relativement «distanciées»[16], il est condamné, lui, à produire des simulacres de cet Autre, et des simulacres qui ne sont que son envers.

III

Avec ce concept de compétence discursive il s'agit seulement de rendre compte de régularités interdiscursives historiquement définies et non de décrire une similitude entre les trajectoires biographiques des individus qui forment l'ensemble des énonciateurs effectifs de tel ou tel discours, même si ces deux aspects sont, et à justre titre, souvent liés par les historiens. Il existe indéniablement des similitudes sociologiques, psychologiques... intéressantes entre ces individus, mais leur degré d'homogénéité n'est absolument pas comparable au degré de cohésion de la formation discursive dont ils sont les énonciateurs. L'homogénéité discursive n'est pas la projection d'une cohésion sociale déjà là, comme si la communauté de ses énonciateurs était extérieure au discours et lui préexistait[17].

La volonté de ramener un discours à l'expression des idées d'une somme d'individus distincts peut aboutir à des résultats assez déconcertants, pour ne pas dire davantage. Un spécialiste aussi éminent du jansénisme que J. Orcibal arrive naturellement à la conclusion que le jansénisme... n'existe pas. De fait, si on s'attache à cerner dans le détail, comme il le fait, chaque individualité on risque fort de ne plus voir que des dissemblances et guère de convergences, aucune propriété commune et spécifique ne permettant de définir un groupe et une doctrine consistants[18]. Le jansénisme ne serait dès lors qu'un immense malentendu historique.

Supposons que le jansénisme ne soit qu'un fantôme; il ressortit alors aux délires collectifs, comparable en cela à certains discours antisémites du XIXe siècle décrivant avec complaisance les menées subversives, les complots d'un supposé mouvement juif. Il y a quand même une différence entre ces deux « fantômes » historiques : il existe une abondante production janséniste que l'on peut interroger, alors que les textes des groupes de comploteurs juifs relèvent de la chimère. Le spécialiste pourra alors objecter qu'il a justement étudié ces textes et qu'ils se sont révélés idéologiquement inconsistants. Cette objection n'est valide que si on oublie le comment d'une telle étude, qui procède par «thèmes» et ne cherche pas à déterminer s'il existe un système permettant de les articuler. On ne peut donc récuser l'existence d'une formation discursive en arguant de l'inconsistance de ses énonciateurs. Si on veut considérer le discours comme la somme des idées de ces énonciateurs, on est d'ailleurs facilement amené à douter sans cesse du bien-fondé des choix que l'on fait : on a besoin de déterminer les «véritables» énonciateurs d'un discours, d'atteindre la doctrine dans sa «pureté», et pour ce faire on tente de remonter à de mythiques origines, aux textes du fondateur en particulier, s'il existe. Dès lors l'ensemble de la production apparaît comme l'espace d'une déperdition progressive du sens.

La compétence est un fait discursif, non une affaire de croyance. La représentation que se font les Sujets de leur appartenance ne coïncide pas nécessairement avec leur situation effective; après tout, pour les jansénistes le jansénisme n'existait que dans la tête de leurs adversaires, ce n'était qu'une «hérésie imaginaire»[19]. Les Sujets peuvent également croire de bonne foi à l'homogénéité de leurs productions alors même que l'analyse sémantique révèle que dans tels textes, telles phases de leur carrière ils ont énoncé à l'intérieur de compétences différentes. Bossuet se jugeait certainement un antijanséniste irréprochable et on le juge communément tel; mais on peut montrer qu'un certain nombre de ses écrits relèvent nettement de la compétence discursive janséniste.

On le voit, en matière de formation discursive la figure de l'énonciateur ne constitue pas une unité pertinente. Des auteurs biographiquement dissemblables peuvent partager la même compétence, un même auteur peut être associé à plusieurs compétences... Certes, on peut par d'autres voies montrer à quelle cohérence renvoient ces dysharmonies apparentes en posant qu'il existe un niveau auquel l'hétérogénéité apparente de l'œuvre d'un Sujet se trouve présenter une unité, mais c'est là un tout autre problème que celui de l'unité d'une formation discursive, qui en tant que telle traverse les œuvres de nombreux énonciateurs.

On sait quel sort l'histoire des sciences anti-empiriste à fait à la figure de Newton; refusant l'image traditionnelle, on a mis en valeur des aspects moins conformes dans son personnage : ses préoccupations théologiques et alchimiques, en particulier. Il se peut qu'on puisse montrer que cette hétérogénéité n'est qu'apparente et qu'il est un site à partir duquel l'unité de l'œuvre se reforme, mais on n'aura pas pour autant démontré que le discours scientifique dans lequel s'inscrit Newton doit intégrer lui aussi ces aspects alchimiques et religieux. De la même manière, on peut étudier comment les travaux de chimie de Rousseau sont dans la logique de son imaginaire le plus profond[20], mais une analyse du discours chimique dans lequel prend place la recherche de Rousseau n'est pas tenue *a priori* d'intégrer les écrits philosophiques de l'auteur du *Contrat social*. Cela n'exclut pourtant pas que des relations intéressantes puissent être définies entre tel discours religieux, politique... et tel discours scientifique, rendant exemplaires les auteurs qui participent les deux[21], mais cela n'a évidemment rien de nécessaire.

On serait cependant en droit de s'interroger sur la légitimité d'une compétence unifiée et homogène qui semble faire bon marché de ces multiples facteurs d'hétérogénéité qui, pour faire les délices des érudits, n'en sont pas moins réels. A notre décharge on pourrait dire qu'il est inévitable qu'apparaissent localement des phénomènes atypiques, liés à des conjonctures immédiates, mais ce n'est pas là l'essentiel. Car *en un sens la compétence discursive, loin d'exclure l'hétérogène, lui accorde une place privilégiée*. Au premier chef parce qu'elle constitue un système interdiscursif qui suppose la présence constante de l'Autre au cœur de chaque discours. Mais aussi parce que, comme on vient de le voir, elle nous donne les moyens d'accorder un statut de plein droit à l'hétérogénéité : entre les énonciateurs relevant de la même formation discursive, entre les textes d'un même énonciateur, voire entre diverses parties d'un même texte. Le fait de disposer de ces systèmes de contraintes permet justement de lire de l'hétérogène là où on ne percevrait qu'une immense nappe où s'entremêleraient en tous sens le même et l'autre.

On est quand même obligé d'admettre qu'à l'intérieur d'ensembles textuels censés relever de la même formation discursive on rencontre des variations cohérentes qui ne se ramènent pas à une juxtaposition de diverses compétences ou à des compromis caractérisés entre celles-ci. C'est en particulier le cas quand il existe des positions plus ou moins «extrémistes» dans les productions relevant d'un même discours.

Sur cette question de la «modération» et de l'«extrémisme» l'analyse en termes de formation discursive doit permettre de dépasser le stade des évidences trompeuses. On pense spontanément que les modérés d'un discours sont voisins des extrémistes d'un discours antagoniste, ou inversement, on raisonne comme si l'on pouvait ranger sur la continuité d'une même échelle les divers discours. En réalité, la version extrémiste d'un discours n'est pas contiguë à la version modérée d'un autre ; chaque discours constitue un univers sémantique spécifique et la «modération» n'a de sens que rapportée à cet univers. En outre, ce degré d'«extrémisme», en tant que facteur d'hétérogénéité, possède une incidence très variable : un ensemble de textes peut être dit modéré seulement parce que les conséquences pratiques qu'il tire de sa doctrine sont moins exigentes, sans que par ailleurs la sémantique qui le gouverne ne s'écarte des contraintes de la formation discursive; il peut s'agir d'une modération ne portant que sur une région thématique limitée ou d'une modération généralisée qui affectera certaines catégories importantes de la compétence. Dans ce dernier cas seulement il devrait s'avérer nécessaire d'aménager le modèle en conséquence. Mais ce qui reste déterminant, c'est que sans la construction d'un modèle présentant une cohérence sémantique maximale on serait tout à fait incapable d'assigner un contenu un tant soit peu précis à des notions comme celles de « modération » ou d'« extrémisme ».

La mise en place de formations discursives homogènes peut soulever encore d'autres difficultés, en particulier du point de vue de leur stabilité temporelle. Considérant certains travaux consacrés à une « grammaire du discours communiste », J.-J. Courtine leur reproche de ne voir dans leur objet qu'« un bloc d'immobilité, un espace clos de ressassement »[22], « un seul langage pour tous » au lieu de plusieurs langages en un seul[23]. Or

la clôture d'une formation discursive est fondamentalement instable, elle ne consiste pas en une limite tracée une fois pour toutes séparant un intérieur et un extérieur, mais s'inscrit entre diverses formations discursives comme *une frontière qui se déplace* en fonction des enjeux de la lutte idéologique[24].

Il s'agit ici de rejeter les recherches qui postulent des structures immobiles derrière la stabilité des étiquettes, comme si la permanence d'une étiquette « parti communiste » garantissait la consistance de son discours sur plusieurs décennies. C'est là un piège évident mais qu'il n'est pas facile d'éviter dans la mesure où un discours n'offre qu'exceptionnellement des solutions de continuité explicites. Dans le cas du discours janséniste, dont l'existence a duré quelque cent cinquante ans, nous n'avons considéré que les textes de la génération en contact direct avec l'humanisme dévot.

Cette alternative entre stabilité et instabilité d'un discours est peut-être trop simple. Il n'est pas exclu qu'il faille distinguer divers niveaux de stabilité sémantique : les conjonctures dans leur variété ne remettent pas chaque fois en cause les contraintes fondamentales de la sémantique discursive. En fait, on aura tendance à privilégier le changement continuel ou la permanence selon la visée heuristique qu'on adopte : une chose est d'interpréter la position idéologique d'un discours dans une conjoncture précise, autre chose est de s'intéresser au mode de cohésion discursive. Il faut également faire la part de la diversité des types de discours et des époques : la façon dont un discours s'inscrit dans une conjoncture dépend de sa nature, des institutions qui le supportent, etc... Il n'est pas indifférent que Courtine vise ici le discours politique, où les remodelages ne peuvent qu'être incessants; mais même dans ce cas il y a des variations significatives dans la vitesse d'érosion des signifiants des divers discours.

Au-delà de la validité des arguments pour ou contre la mise en place de formations discursives homogènes on ne peut se cacher qu'il y a là des choix épistémologiques fondamentaux. Depuis quelques années s'est développé un courant qui cherche à privilégier toutes les formes d'hétérogénéité. G. Deleuze et F. Guattari nous en offrent une bonne illustration dans cette critique de la démarche usuelle des linguistes :

> La linguistique en général n'a pas encore quitté une espèce de mode majeur, une sorte d'échelle diatonique, un étrange goût pour les dominances, les constantes et les universaux. Pendant ce temps-là, toutes les langues sont en variation continue immanente : ni synchronie ni diachronie, mais asynchronie, chromatisme comme état variable et continu de la langue. Pour une linguistique chromatique, qui donne au pragmatisme ses intensités et valeurs[25].

ou encore :

> La machine abstraite de la langue n'est pas universelle ou même générale, elle est singulière ; elle n'est pas actuelle, mais virtuelle-réelle ; elle n'a pas de règles obligatoires ou invariables, mais des règles facultatives qui varient sans cesse avec la variation même, comme dans un jeu où chaque coup porterait sur la règle[26].

Ces auteurs semblent prôner un au-delà (ou un en deçà?) des oppositions classiques de la linguistique moderne. Le moins que l'on puisse dire est qu'ils placent la barre de leurs exigences très haut, et on ne saurait le leur reprocher puisqu'ils ne font pas œuvre de linguistes ; mais pour nous la question est de savoir si une linguistique est possible à ces conditions. On se doute que ce n'est pas la voie que nous empruntons. Loin de croire que les règles « varient sans cesse avec la variation même » nous préférons penser que pour la plus grande part des énoncés d'une formation discursive elles ne se modifient pas.

En dernière instance notre entreprise ne se justifie guère que par son efficacité heuristique, sa capacité à faire progresser la compréhension des phénomènes discursifs. Il nous a paru que le profit retiré de ces réductions drastiques était de beaucoup plus élevé que celui qu'aurait apporté une maximisation de l'hétérogène.

IV

La volonté de tourner le dos à une démarche empiriste se retrouve tout naturellement dans la manière dont a été élaboré le modèle de compétence. Il était déraisonnable d'espérer le construire grâce à une série ordonnée de manipulations d'échantillons de la surface discursive, de le dégager par étapes en passant à des catégories sémantiques de plus en plus générales. Ce n'est pas qu'il ne faille procéder localement à des analyses systématiques pour orienter la recherche ou valider un modèle établi, mais il existe une discontinuité irréductible entre ces travaux ponctuels et la mise en place du modèle. Celle-ci suppose en effet un saut dans l'abstraction jusqu'à des structures hypothétiques suffisamment puissantes. Une chose est de procéder à des analyses méthodiques qui déstructurent la complexité discursive pour en isoler telle ou telle composante (lexique, argumentation...), autre chose est de penser globalement cette complexité au travers d'un système simple.

Sur les discours dévots qui nous servent de points de référence il s'est avéré que les systèmes de contraintes sémantiques construits étaient beaucoup plus «pauvres» que nous l'aurions imaginé eu égard à l'immensité et à la diversité de leurs surfaces discursives. Certes, il fallait disposer d'un nombre relativement important de sèmes, mais les règles pour les engendrer dépendaient d'un opérateur unique s'appliquant à quelques axes sémantiques primitifs. Dans cette perspective *la formation discursive ne serait pas un conglomérat plus ou moins consistant d'éléments divers qui se souderaient peu à peu, mais plutôt l'exploitation systématique des possibilités d'un noyau sémantique.* Cette idée s'harmonise d'ailleurs bien avec notre hypothèse du primat de l'interdiscursivité et ce qui vient d'être dit des implications de la notion de compétence discursive.

Cette démarche s'expose au risque de l'artéfact : seraient décrétés appartenir à tel discours les énoncés conformes au modèle mis en place et en seraient exclus ceux qui ne s'y ramèneraient pas. Cette difficulté est inévitable et touche même les pratiques qui se veulent les plus empiristes et se bornent à l'exhaustion méthodique d'un corpus bien délimité. Dans ce dernier cas les résultats des études ne peuvent que rendre compte de la totalité des données de l'échantillon, mais c'est la légitimité de la constitution de ce corpus qui fait problème. L'analyste considèrera comme relevant de tel discours des textes que l'histoire des idées, certains critères externes, son intuition personnelle lui diront être tels, mais une fois constitué le corpus tout retour en arrière, toute interrogation sur l'appartenance discursive de ses éléments est pratiquement impossible et tend à passer pour une manipulation indue des «données».

En revanche, si on ne part pas d'un corpus, si on ne suppose pas acquise la définition de ce qu'est un énoncé de tel discours mais qu'on en fait précisément la finalité de la recherche, on a les moyens, au prix de ce détour, d'affronter la difficulté. Certes, pour être plausible le modèle doit pouvoir rendre compte de l'appartenance discursive attribuée communément à la majorité des textes concernés sur la base de critères internes ou externes, mais il lui est loisible de rectifier ces lignes de partage traditionnelles quand la sémantique en impose d'autres. Partant donc d'une catégorisation provisoire, on parvient à une nouvelle, fondée sur des critères explicites et plus riches, qui permet de revenir éventuellement sur la première. Le linguiste ne procède pas autrement, qui doit commencer par accepter provisoirement les grilles que lui lègue la tradition grammaticale avant de les critiquer s'il y a lieu. Notre position est quand même plus confortable que celle du linguiste, qui hérite d'un savoir purement grammatical: les formations discursives sont en effet accessibles par d'autres critères que textuels, en particulier par leur incidence historique. Pour élégantes qu'elles soient, les figures du doute hyperbolique sont le plus souvent quelque peu rhétoriques dans le domaine de l'histoire des idées, tant il est difficile de croire que des faits énonciatifs collectifs qui ont agité certaines parties de la société, suscité des controverses, des décisions étatiques, etc... soient de pures illusions discursives. Ce qui fait réellement problème, ce n'est pas tant l'existence d'une formation discursive que l'extension du corpus qui en relève.

V

Nous allons illustrer cette démarche en présentant rapidement le modèle élaboré pour l'espace discursif jansénisme/humanisme dévot. Ce qui importera dans cette présentation, ce ne sera pas tant d'approfondir la connaissance de ces deux discours que d'accéder aux implications théoriques et méthodologiques qui lui sont liées.

Conformément à ce qui a été avancé au chapitre précédent, il s'agit d'un modèle d'interdiscours à deux pôles qui structure à la fois l'organisation des deux discours et leurs échanges. Il ne rend pas compte de la relation dissymétrique de constitution du discours janséniste à partir du discours humaniste dévot, mais seulement de leur confrontation. D'ailleurs, l'ordre de présentation inversera l'ordre génétique puisque le premier modèle mis en place sera celui du discours janséniste.

Le modèle noté M intègre deux sous-modèles M_1 (janséniste) et M_2 (humanisme dévot), auxquels on associe respectivement deux fonctions, F_1 et F_2. Ces deux fonctions définissent la composante de traduction des énoncés de chaque discours en leurs «simulacres» par le rôle adverse placé en position de «discours-agent» (ces deux fonctions seront considérées au chapitre IV).

Ramenée à ses lignes essentielles, la construction de ce modèle repose sur l'application d'une première opération («Concentration») sur six axes sémantiques primitifs. A la sortie, après l'intervention de trois autres opérations («Affaiblissement», «Contrariété», «Harmonisation»), on obtient deux ensembles de sèmes, ceux de M_1 et ceux de M_2. Dans chacun de ces sous-modèles, les sèmes se rangent en deux classes complémentaires, ceux que le discours revendique comme «positifs» (M1+ ou M2+) et leurs contraires, qu'il pose comme «négatifs», rejette (M1− ou M2−). La relation polémique, on l'a vu, est fondée sur cette double bipartition: chaque pôle discursif récuse l'autre comme relevant de son propre registre négatif, de manière à mieux réaffirmer la validité de son registre positif.

Le modèle du discours janséniste

Pour le construire on part d'une opposition primitive:

Concentration vs Expansion

et on utilise «Concentration» comme une opération, notée C, qui opère sur deux triplets d'axes sémantiques: «Relation», «Spatialité», «Nombre», d'une part, «Consistance relative», «Mobilité relative», «Intensité relative», d'autre part. L'application de C sur l'axe de la «Spatialité», par exemple, permet de produire le sème /Ponctualité/ (pour être mieux perçus les sèmes du modèle seront notés entre barres), la notion de «point» apparaissant comme le produit de la concentration maximale d'un espace quelconque. De même, l'opération C produit le sème /Consistance/, entendue comme «fermeté», «dureté»... Nous avons précisé «relative» dans la dénomination de quelques axes sémantiques parce que la langue rend systématiquement ambigus des termes comme *consistance, mobilité, intensité*: ils s'emploient à la fois pour n'importe quel degré et pour un degré élevé; c'est dans l'acception de «consistance d'un degré élevé» qu'est pris le sème /Consistance/ du modèle, et de même pour les deux autres.

Les sèmes ainsi produits par C sont rassemblés dans le tableau qui suit à la colonne M1−. Ils forment donc les sèmes valorisés par le discours janséniste. Ils sont indissociables de leurs contraires, avec lesquels ils constituent des oppositions élémentaires; toutefois on ne mettra en place ces derniers qu'après avoir introduit une nouvelle opération, dite d'«Affaiblissement» et notée A.

Celle-ci s'applique aux sèmes produits par C, lesquels représentent pour le discours janséniste un optimum sémantique; pour lui un objet sémantiquement idéal devrait posséder tous ces sèmes et ne pas connaître d'autre relation que l'/Identité/ et l'/Altérité/ (on verra qu'un tel objet se définit comme «Dieu»). Mais c'est là un optimum beaucoup trop exigeant, qui interdirait au discours janséniste de reconnaître comme positives d'autres entités que Dieu même. Or si la figure de Dieu est le noyau vers lequel est polarisé la totalité de ce discours, le fonctionnement du discours dévot, qui s'adresse à des hommes pris dans les limitations intramondaines, oblige le système à conférer également une valeur positive à des objets qui possèdent des sèmes conformes à C mais sur un mode «inférieur». C'est la fonction d'«Affaiblissement» qui assouplit les sèmes M1+, à l'exception de ceux dénommés «aspects» dans le tableau, qui se sont pas soumis à cette opération.

De cette façon on obtient un nouvel ensemble de sèmes positifs, beaucoup plus étoffé que le précédent. La /Ponctualité/ par exemple est «affaiblie» sur quatre axes distincts: 1) par la focalisation d'un objet non ponctuel sur un point privilégié (de là un sème /Forme centrée/); 2) par une opposition entre l'intériorité et l'extériorité, la première étant seule conforme à la «Concentration» (d'où le sème /Intériorité/); 3) par la valorisation de la /Verticalité/ dans l'opposition vertical/horizontal; 4) par la valorisation de la /Clôture/ sur l'ouverture. Au prix de cette complexification le principe de «Concentration» qui cimente le système est donc préservé. La diversité des sèmes dont on dispose ainsi permet de décrire plus adéquatement la richesse du sens manifesté.

On engendre alors les sèmes contraires de tout ce registre M1+ par l'opération de «Contrariété», qui associe à chaque sème de M1+ son contraire.

Axes sémantiques primitifs	M1+ Sèmes obtenus par l'opération de Concentration (C)	M1− Sèmes obtenus par l'opération de Contrariété (non C)	M1+ Sèmes obtenus par l'opération d'Affaiblissement (A)	M1− Sèmes obtenus par l'opération de Contrariété (non A)
«Relation»	Identité Altérité	vs Mélange	Similarité Dissemblance Nécessité	vs Confusion vs Contingence
«Nombre»	Unité	vs Pluralité	Restriction Totalité Homogénéité Cohérence	vs Prolifération vs Indéfinité vs Hétérogénéité vs Incohérence
«Spatialité»	Ponctualité	vs Etendue	Forme centrée Intériorité Hauteur Clôture	vs Informité vs Extériorité vs Largeur vs Ouverture
«Consistance relative»	Consistance	vs Inconsistance	Aspects	
«Intensité relative»	Intensité	vs Faiblesse		
«Mobilité relative»	Stabilité	vs Instabilité		

Le modèle du discours humaniste dévot

La construction de ce modèle ne se fait pas indépendamment de celle du précédent mais en dérive de manière réglée, ainsi que nous l'avons avancé au chapitre 1. Une opération d'«Harmonisation» notée H permet d'engendrer les sèmes de M2+, c'est-à-dire les sèmes «positifs», à partir de M1. Cette opération H vise à dépasser les oppositions entre les registres contraires M1+ et M1− au profit de termes sémantiques «complexes» censés les intégrer dans une unité positive. H associe donc à tout couple de sèmes contraires de M1 une image dans M2+; par exemple au couple /Consistance/ vs /Inconsistance/ correspondra dans M2+ un sème /Plasticité/ qui doit cumuler les valeurs posées comme contraires par le système janséniste.

A la lecture du tableau qui suit on voit apparaître le terme «Ordre». Il ne s'agit pas à proprement parler d'un sème mais de l'objet sémantique autour duquel s'organise ce discours, où un élément n'a de positivité que s'il se trouve intégré à une structure d'«Ordre». Un «Ordre» se présente comme une totalité harmonieuse formée d'une diversité d'éléments complémentaires et hiérarchisés. Il intègre aussi bien la diversité quantitative que la diversité qualitative par laquelle les altérités individuelles coopèrent à l'identité globale. Dans cette harmonie chacun se voit assigner sa place et cette nécessité fonde l'inégalité hiérarchique dans un monde sans ruptures, où tous les constituants sont dans leurs régions respectives en communication constante et réglée les uns avec les autres[27]. Il ne saurait donc ici y avoir, comme dans M1, contradiction entre /Identité/-/Altérité/ et /Mélange/, ni entre /Unité/ et /Pluralité/ ou /Ponctualité/ et /Etendue/. Dans les textes cette notion d'«Ordre» s'actualise de manière extrêmement variée: le corps humain, la société, une œuvre polyphonique, un jardin..., aucun domaine de l'univers naturel, intellectuel, spirituel n'en étant exclu. Les «Ordres» eux-mêmes constituent des «Ordres» d'un niveau supérieur, et l'«Ordre» de tous les «Ordres», la limite supérieure, c'est le Cosmos.

Une fois mis en place ce registre positif M2+ on construit M2− en utilisant à nouveau l'opération de «Contrariété». Cette étape est la dernière; le cycle est bouclé puisque, comme on le verra, le discours humaniste dévot interprète, traduit M1+ en son propre négatif M2−. La notion d'«Atome» est définie simplement comme le contraire de celle d'«Ordre»: une entité qui récuse la communication entre ses constituants et avec l'extérieur, refuse de s'intégrer à une structure de sociabilité, au sens le plus large.

Il n'existe pas de symétrie parfaite entre les deux sous-modèles M1 et M2. C'est dû non seulement à l'existence d'une notion d'«Ordre» dans M2 mais aussi au fait que le sous-modèle humaniste dévot n'est pas soumis à l'«Affaiblissement». Cette dissymétrie est importante: *la nécessité*

Oppositions M1+ vs M1−			M2+ Sèmes obtenus par l'opération d' *Harmonisation*		M2− Sèmes obtenus par l'opération de *Contrariété*
Identité / Altérité	vs	Mélange	Communication	vs	Rupture
Unité	vs	Pluralité	«Ordre»	vs	«Atome»
Ponctualité	vs	Etendue			
Consistance	vs	Inconsistance	Plasticité	vs	Dureté
Intensité	vs	Faiblesse	Modération	vs	Excès
Stabilité	vs	Instabilité	Rythme	vs	{ Figement Dérèglement
Similarité / Dissembl.	vs	Confusion	Homologie	vs	Isolement
Nécessité	vs	Contingence	Probabilité / Contiguïté	vs	Contrainte
Homogénéité	vs	Hétérogénéité	Diversité	vs	Uniformité
Cohérence	vs	Incohérence	«Ordre»	vs	«Atome»
Restriction	vs	Prolifération	Abondance	vs	Rareté
Totalité	vs	Indéfinité	Majorité	vs	Marginalité
Centré	vs	Informe	«Ordre»	vs	«Atome»
Intériorité	vs	Extériorité	Expression	vs	Introversion
Hauteur	vs	Largeur	Hiérarchie / Flexion	vs	{ Tyrannie Raideur
Clôture	vs	Ouverture	Echange	vs	Autarcie

de définir un modèle dialogique ne doit pas induire une réduction de la spécificité de chacun des discours. Il existe un lien essentiel entre le contenu sémantique des sous-modèles et leur organisation interne : si M1 repose sur deux niveaux, l'un «optimal», l'autre «affaibli», c'est parce qu'il se fonde sur le dynamisme de la «Concentration», qui implique tout naturellement que le modèle soit polarisé sur un noyau central de sèmes.

Quand on considère le système janséniste il apparaît nettement que ses catégories sont engendrées par l'application à *quelques* axes très généraux d'une opération *unique*, «Concentration». De son côté, M2 repose sur l'«Harmonisation» et son corrélat, la notion d'«Ordre». D'un point de vue structurel il y a là quelque chose de remarquable, puisque se trouvent ainsi assurés à la fois l'unité du modèle, et donc la forte cohésion sémantique du discours, et les conditions d'une compétence discursive. Comme chacun des systèmes de contraintes s'articule en dernière instance sur un primitif sémantique unique on est assuré qu'*en tous points et sur tous les plans discursifs il existera au moins un chemin permettant de remonter jusqu'à ce primitif*. Les catégories intermédiaires engendrées à l'aide de cette opération initiale sont suffisamment diversifiées (par exemple 34 sèmes dans M1) pour rendre compte de la variété potentiellement infinie des organisations de sens, mais de par leur mode de constitution elles dépendent d'un principe qui cimente l'ensemble de la discursivité.

L'hypothèse d'une compétence s'en trouve renforcée : quel que soit le domaine sémantique auquel il peut être confronté l'énonciateur dispose d'un système simple et très fortement structuré. Ainsi qu'on l'a déjà suggéré il convient de voir dans ces systèmes non pas des architectures statiques mais *des schèmes de traitement du sens*. L'énonciateur se trouve sans cesse devant des matériaux sémantiques inédits; pour produire des énoncés conformes à la formation discursive il ne dispose pas de séquences réalisées qu'il devrait imiter mais de règles qui lui permettent de filtrer les catégories pertinentes et de leur faire structurer l'ensemble des plans du discours. Loin d'être des indices de leur «irréalisme» la simplicité des modèles de compétence serait la condition de leur capacité à avoir immédiatement réponse à tout à l'intérieur d'un univers de sens consistant.

Il se pourrait néanmoins que ces structures ne présentent autant d'unité qu'en raison du type de discours dont elles sont supposées rendre compte. On ne saurait oublier en effet qu'il s'agit de systèmes monothéistes qui s'inscrivent dans la tradition philosophique hellénique[28]. Certes, on peut légitimement s'interroger sur la mesure dans laquelle les contenus informent les modèles des formations discursives, mais on ne doit pas surestimer l'importance de découpages en termes de religieux, politique, littéraire, philosophique...; au niveau auquel nous nous situons ce genre de distinctions apparaît dérisoire. En revanche, les limitations qu'impose tacitement l'appartenance à une certaine aire culturelle monothéiste et hellénique sont probablement d'une tout autre portée. Pour notre part nous travaillons à l'intérieur de ces limites, au demeurant fort vastes, et laissons ouverte la question.

Dans le même ordre d'idées on pourrait se demander si les unités sémantiques que nous manipulons ainsi relèvent d'une sémantique de la langue ou de codes culturels spécifiés. Bien évidemment ces unités sont également à l'œuvre dans la langue (sinon comment pourraient-elles la contraindre?), mais leur choix relève très certainement de déterminations culturelles. En fait, ce qui nous intéresse avant tout, c'est l'étude du fonctionnement discursif, non l'origine des catégories que nous sommes amené à utiliser.

Pour le moment nous en sommes demeuré en deçà de l'univers religieux proprement dit, nous contentant d'engendrer des catégories sémantiques non spécifiées. Il est nécessaire de mettre en place une syntaxe élémentaire afin d'intégrer ces catégories dans des *schémas de base* définissant les acteurs et les relations qui sous-tendent les différents univers discursifs dévots. Ces schémas se présentent comme l'articulation de quelques *propositions de base*, qui ne sauraient d'ailleurs en être détachées.

Dans la mesure où le système de contraintes n'engendre pas des énoncés mais constitue seulement un filtre d'énoncés, ces schémas et propositions ne sauraient constituer la représentation directe d'énoncés réalisés. Ce sont des structures qui régissent la conformité des énoncés réalisés aux contraintes de leur formation discursive. La moindre unité discursive suppose la mise en œuvre de l'ensemble du système de contraintes, et son appartenance à la formation discursive se manifeste par référence à ces schémas de base, qui sont autant de formules d'une généralité et d'une rigueur maximales que chaque énoncé spécifie à sa façon.

Pour aller plus vite on ne considèrera que le cas du discours janséniste. La figure de «Dieu» y est définie comme la somme des sèmes obtenus directement par l'opération de «Concentration», avant l'«Affaiblissement» donc. Etant donné que «Dieu» est posé dans une solitude absolue la relation d'/Identité/ est à penser ici comme identité à soi-même; en fait, Dieu est immédiatement posé comme /Altérité/ à l'égard d'un objet affecté de tous les sèmes contraires, objet que le discours janséniste nomme «le monde». C'est à la constellation sémantique représentée par ce «monde» que doit constamment s'arracher le chrétien pour parvenir à devenir identique à Dieu. La barre disjonctive qui oppose «Dieu» et «le Monde» constitue en quelque sorte l'épine dorsale de tout ce discours. A ces deux acteurs s'en ajoute donc un troisième, le chrétien, Sujet du discours dévot, qu'on notera Y1 et qu'on spécifiera en Y1+ ou Y1− selon qu'il relève du registre de Dieu (M1+) ou de celui du Monde (M1−).

On construit les propositions de base en les intégrant en même temps au schéma qui les articule. La classe des «verbes» est constituée par les éléments de la catégorie «Relation», c'est-à-dire /Identité/ et /Altérité/. On définit deux schémas de base, l'un pour Y1+, l'autre pour Y1− :

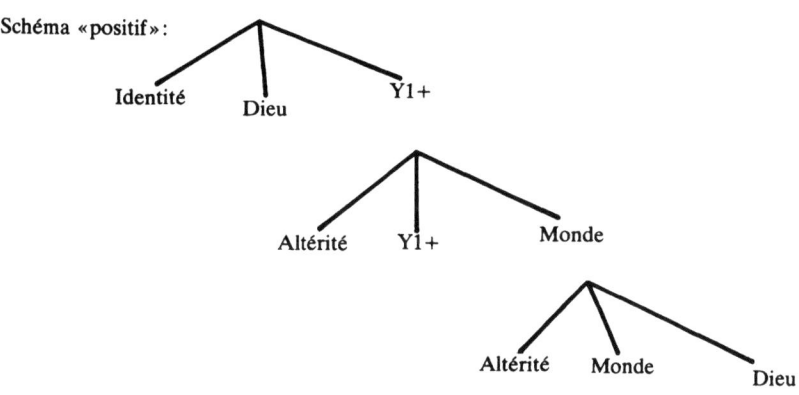

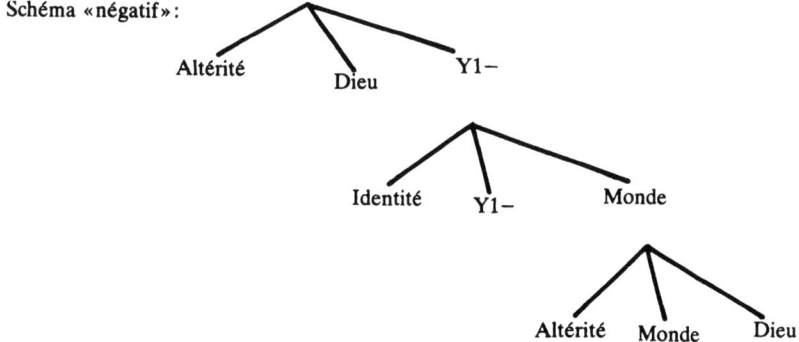

La proposition (/Identité/ - Dieu - Y1+) placée au sommet du positif représente la formule ultime de ce discours : le Sujet doit devenir identique à Dieu en acquérant autant que possible les sèmes définitoires de celui-ci, pour coïncider réellement avec lui dans l'Au-delà. L'ensemble de ce premier schéma peut se paraphraser ainsi : l'/Identité/ entre Dieu et le chrétien suppose une /Altérité/ entre ce dernier et le «Monde», dont Dieu est par définition disjoint. Quant au second, il correspond à la paraphrase inverse : le pécheur est en situation d'/Altérité/ par rapport à Dieu dans la mesure où il possède les sèmes contraires, ceux du «Monde», qui, par définition, est en position d'/Altérité/ à l'égard de Dieu.

VI

Arrivés en ce point, on ne peut que s'interroger sur la valeur d'individualisation de ces systèmes de contraintes. Toute recherche de ce type doit avoir pour ambition de spécifier ce qui différencie les discours considérés des autres, et c'est là un critère essentiel pour juger de la validité d'une démarche. Une question se pose alors tout naturellement : les systèmes de contraintes suffisent-ils à cette tâche ? Ne peut-on pas concevoir divers ensembles discursifs qui reposeraient sur un même système ? Ne procédons-nous pas de manière contradictoire en produisant des systèmes sémantiques assez «pauvres» et en espérant qu'ils aient le pouvoir de différencier les formations discursives ? S'ils sont pauvres, ne doit-on pas plutôt s'attendre à un retour obstiné du Même tout au long de l'histoire des idées ?

En fait, il n'y a pas là de contradiction. Déjà c'est l'espace discursif et non le discours qui constitue l'unité pertinente, et la probabilité de trouver des espaces discursifs constitués des mêmes systèmes de contraintes est faible. Mais ce n'est pas là le point essentiel; ce qui doit être individué, en effet, c'est le discours et non le système de contraintes lui-même. Le discours résulte de la mise en relation de ce système avec certains codes à l'intérieur d'une conjoncture historique, et c'est cela qui l'individue. Nos deux discours dévots, par exemple, reposent sur l'application des systèmes de contraintes à l'ensemble intertextuel catholique et aux dispositifs rhétoriques du XVIIe siècle; mais on peut fort bien concevoir que les mêmes systèmes associés à des codes différents dans d'autres conjonctures produisent des textes en apparence très éloignés, qu'on ne songera pas à rapprocher des premiers. Rien n'interdit d'imaginer un discours socialiste athée du XIXe siècle qui se développerait sur les mêmes contraintes que le discours humaniste dévot. Ceci dit, le fait que des discours aussi éloignés par leur contenu de surface puissent se déployer sur un même système de contraintes devrait être expliqué et permettrait d'approfondir la compréhension de l'un et de l'autre[29].

Ceci implique entre autres choses que le système de contraintes ne saurait être conçu comme l'«essence» d'un discours, son sens profond. Il n'est qu'une structure qui peut s'investir dans les univers textuels les plus divers. Certes, cette structure d'organisation sémantique possède une signification en elle-même, mais chaque discours l'exploite de manière spécifique. Opérateur de cohésion sémantique du discours, le système de contraintes n'en est pas la clé herméneutique. Il faut se méfier une fois de plus d'une lecture en termes de «surface» et «profondeur»; c'est justement l'un des intérêts d'une sémantique globale que de se passer d'une telle opposition: dès lors que tous les plans de la discursivité sont soumis au même système aucun ne peut être dit plus «profond» que les autres. Le système de contraintes n'est pas une des dimensions de la discursivité, comme le vocabulaire ou les dispositifs d'énonciation, il n'en est pas la «structure profonde».

Notre propos tend donc manifestement à restreindre la variété des systèmes possibles sans restreindre le moins du monde la diversité imprévisible des discours que ceux-ci autorisent. Au moins pour une aire culturelle déterminée on peut penser qu'il existe un nombre très limité de systèmes de contraintes disponibles, ou plutôt de types de systèmes, car on ne peut pas s'attendre à des coïncidences exactes sur une large échelle. Cela limiterait d'autant les types d'espaces discursifs possibles. On pourrait alors conférer un statut plus rigoureux à ces rapprochements brillants dont sont coutumiers les historiens des idées quand, au-delà des divergrences idéologiques les plus patentes ils mettent en évidence des convergences structurelles inattendues. Quand Cassirer, par exemple, met en parallèle la pensée de Pascal et celle de Rousseau[30] pour montrer que Jean-Jacques reprend à son compte l'analyse pascalienne de la condition humaine et substitue au couple «état d'innocence originelle»/état de corruption résultant du Péché originel le couple «état de nature»/civilisation, on ne peut que se demander si c'est là une coïncidence locale ou si il y a plus généralement un système de contraintes commun. Auquel cas on serait amené à confronter les interdiscours respectifs dans lesquels se sont inscrits les ensembles textuels ainsi comparés. Dans la mesure où les systèmes de contraintes autorisent les investissements idéologiques les plus variés de telles confrontations n'auraient rien d'invraisemblable *a priori*.

Cette hypothèse ne reviendrait donc pas à affirmer le retour constant du Même, mais seulement à distinguer dans les discours une instance structurante relativement stable dans certaines limites historiques à définir. Après tout chaque discours n'est jamais que l'agrégation en un lieu donné d'éléments dont le type d'historicité est très varié : la langue, la thématique, les modes d'organisation textuels ne sont pas soumis aux mêmes scansions historiques et agrègent eux-mêmes des éléments dont la temporalité est très diversifiée (la langue par exemple met en œuvre simultanément syntaxe et lexique, qui se renouvellent à des rythmes très différents).

De manière plus générale, qu'il s'agisse de la «pauvreté» de chaque système de compétence discursive ou du nombre restreint de types de systèmes possibles dans une aire donnée, nous tendons à simplifier là où on a l'habitude de diversifier à l'infini. Cette tendance n'est pas sans faire songer à l'évolution qu'a subie la grammaire générative, qui a contraint de plus en plus les propriétés des systèmes grammaticaux possibles. Partie d'une conception très «riche» de la langue (des catégories variées, des transformations à intension forte permettant de dériver des structures très particulières), elle en est venue à restreindre considérablement les possibilités de ses appareils[31], la complexité et la diversité apparente dérivant de quelques choix principiels très abstraits et de l'interaction de systèmes en eux-mêmes très simples.

Ce qui est également en cause ici, c'est la conception que l'on se fait de la novation. Au chapitre précédent nous avons avancé l'hypothèse que dans l'espace discursif le discours nouveau, loin d'être surgissement quasiment absolu sur le fond d'un ensemble illimité de possibles, se constituait régulièrement par une transformation relativement simple de structures constituées. A présent nous venons d'envisager ces structures elles-mêmes, pour insister sur leur simplicité, eu égard à la variété des surfaces discursives correspondantes, et faire l'hypothèse de leur restriction dans une aire culturelle définie. Tout cela ne fait que converger vers une image assez peu «romantique» de la novation discursive, du moins si on ne pose pas le problème en termes psychologiques. Nous irons encore davantage dans ce sens quand nous considèrerons aux chapitres 5, 6, 7 le mode d'inscription des discours dans l'histoire.

NOTES

[1] On pourrait justifier le recours à la notion de «grammaire de discours» en arguant d'un isomorphisme entre celle-ci et les grammaires de la langue. C'est là une hypothèse qui n'a rien de trivial et dont on trouve un modèle chez Saussure à propos du rapport entre linguistique et sémiologie (*Cours de linguistique générale*, Payot, p. 101). Pour notre part nous ne nous avancerons pas sur ce problème passablement embrouillé.
[2] *Essai d'une philosophie du style*, P.U.F., 1968, p. 191.
[3] En fait, la notion de «compétence» est loin d'être stabilisée en grammaire générative et transformationnelle. On a tendance aujourd'hui, sous la pression du courant pragmatique, à lui adjoindre une «compétence communicative» censée régir une bonne part des règles d'énonciation.
[4] Jean-Claude Milner, *Ordres et raisons de langue*, Seuil, 1982, p. 302.
[5] *Op. cit.*, p. 164.
[6] *Op. cit.*, p. 143.
[7] *Op. cit.*, p. 39.
[8] *Op. cit.*, p. 153.
[9] *Op. cit.*, p. 160.
[10] *Op. cit.*, p. 123.
[11] *Op. cit.*, p. 123.
[12] *Op. cit.*, pp. 83-84.
[13] Nous renvoyons assez librement à la notion introduite par Kuhn; bien évidemment, il ne s'agit pas ici de discours scientifique.
[14] On notera que Chomsky a utilisé un argument voisin contre N. Goodman. Ce dernier avait demandé non sans ironie si le fait qu'on puisse reconnaître un tableau comme caractéristique du style de telle époque ou de telle école supposait un «schématisme des styles artistiques» qui soit inné, une «compétence». Chomsky avait fait remarquer qu'une personne apprend à partir d'un échantillon très réduit à faire des distinctions très fines qu'il projette sur un ensemble virtuel très vaste («Knowledge of language» in K. Gunderson et G. Maxwell ed., *Minnesota studies in philosophy of science*, vol. 6, 1975, University of Minnesota Press).
[15] De là le caractère dérisoire des interrogations érudites pour savoir si ce personnage est tiré de la réalité.

[16] Bien entendu, il n'existe pas de pastiche innocent. Même les célèbres *A la manière de...* de Paul Reboux et Charles Muller, qui sont censés purement ludiques, véhiculent une certaine doctrine de ce que devrait être le bon style littéraire.
[17] Nous approfondirons un peu cette question du rapport entre le groupe et le discours au chapitre V.
[18] Voir par exemple «Qu'est-ce que le jansénisme?» in *Cahiers de l'association internationale des études françaises*, n° 3-4-5, juillet 1953, pp. 39-53.
[19] L'expression est de Pierre Nicole.
[20] C'est ce qu'a magistralement fait J. Starobinski dans son *Jean-Jacques Rousseau, la transparence et l'obstacle,*
[21] On verra au chapitre VI que c'est le cas pour la figure de Pascal, dont les travaux scientifiques et les écrits religieux se correspondent rigoureusement.
[22] *Matérialités discursives*, Presses universitaires de Lille, 1981, p. 24.
[23] *Ibidem.*
[24] *Ibidem.*
[25] *Mille plateaux*, Editions de Minuit, 1980, p. 123.
[26] *Op. cit.*, p. 126.
[27] On pourrait se demander si cet «Ordre» appartient au registre de la *machine* (fabriquée par un agent extérieur, en vue d'une fin qui lui est extérieure, dont les parties se juxtaposent) ou à celui de l'*organisme*. En fait, cette opposition qui gouverne en profondeur toute la réflexion de l'époque romantique n'est pas pertinente ici. L'humanisme dévot se situe en deçà et appréhende l'«Ordre» essentiellement comme cosmos, harmonie visible, perfection. Ce discours n'intègre pas la dimension «vitaliste».
[28] En pointillé derrière le conflit entre humanisme dévot et jansénisme on retrouve certains aspects du conflit inaugural et exemplaire entre aristotélisme et platonisme. Les affinités sémantiques entre le néo-platonisme et le jansénisme sont assez patentes... Dans le détail les choses sont extrêmement complexes, on s'en doute, mais l'inscription de ces deux discours dans l'espace métaphysique grec est indéniable, même si les contenus investis sont tout à fait différents.
[29] Pour nous en tenir aux deux discours dévots de référence, nous avons pu montrer qu'une œuvre dramatique comme *le Maître de Santiago* de Montherlant était construite sur le même espace discursif que la confrontation entre humanisme dévot et jansénisme. En surface cela n'apparaît évidemment pas et l'interprétation idéologique de l'œuvre de Montherlant est tout à fait contradictoire avec celle de l'espace discursif dévot; en particulier, le système qui règle le discours janséniste, dont on verra qu'il est foncièrement antiaristocratique au chapitre VII, est lié dans la pièce de Montherlant à une position aristocratique. Sur ce point voir ma thèse, 4e partie.
[30] *La philosophie des lumières*, tr. fr. Fayard, 1966, p. 170.
[31] Voir en particulier N. Chomsky, *Some concepts and consequences of the theory of government and binding*, The MIT Press, 1982, pp. 3 à 17.

Chapitre 3
Une sémantique globale

Une démarche qui se fonde sur une sémantique «globale» n'appréhende pas le discours en privilégiant tel ou tel de ses «plans» mais en les intégrant tous à la fois, tant dans l'ordre de l'énoncé que de l'énonciation.

S'opposer à toute approche qui définirait *un* plan discursif comme étant *le* plan où viendrait se condenser l'essentiel de la spécificité d'un discours, c'est récuser non seulement le monopole des analyses lexicologiques mais aussi de démarches manifestement mieux fondées, comme celle de M. Guéroult par exemple à l'égard du texte philosophique.

Soucieux de découvrir la «signification exacte», «la vérité de Descartes» et de récuser les «fantaisies», les «fumées» des fausses interprétations [1], le commentateur veut se tourner vers «les structures démonstratives et architectoniques de l'œuvre» [2], car c'est en elles que réside la vérité du texte, «c'est par elles que se constitue son monument au titre de philosophie» [3]. Ainsi pense-t-il toucher le sol ferme de la philosophie, comme le montrent ses métaphores: «penseur de granit», «profond monument», «forteresse à la Vauban»[4]. Comparé à ce bloc marmoréen, le tissu textuel dans la diversité de ses processus énonciatifs n'est qu'un apparat rhétorique accessoire, la mise à jour de la cohésion discursive coïncidant avec «l'ordre des raisons».

Pour nous, en revanche, la volonté de distinguer le fondamental du superficiel, l'essentiel de l'accessoire mène à une impasse, dans la mesure où c'est la signifiance discursive dans son ensemble qui doit être visée d'emblée. Il ne saurait y avoir de fond, d'«architectonique» du discours, mais un système investissant le discours dans la multiplicité de ses dimensions.

Ce faisant, nous renouons quelque peu avec la conception humboldtienne du langage qui refuse d'y voir «un produit fini et mort de l'esprit»[5] et, insistant sur l'«energeia» plutôt que sur l'«ergon», postule l'exitence d'un principe dynamique régissant l'ensemble des plans d'une langue. On sait que dans *la Linguistique cartésienne* Chomsky s'est inscrit dans la filiation de Humboldt pour légitimer son recours à une «compétence»; mais s'il a exploité la conception dynamique de l'activité langagière défendue par le penseur romantique il a laissé dans l'ombre la problématique du «génie» des langues, qui aurait eu pour lui l'inconvénient d'introduire une forte opacité entre la grammaire universelle et les diverses langues naturelles[6]. Comme nous travaillons sur le discours et non sur la langue, l'irréductibilité des univers de sens ainsi découpés par les différents «génies» linguistiques ne nous gêne pas, bien au contraire, et nous pouvons reprendre certaines formules de Humboldt: refuser «l'inventaire, si laborieux soit-il, de toutes les formes lexicales»[7], accéder à «l'intelligence du tout unifié que forme une langue»[8], à son «schéma constructeur»[9].

C'est dire que l'ordre de succession des «plans» que nous suivons dans notre présentation est tout à fait arbitraire en regard du «schéma constructeur» global que représente la compétence discursive qui les investit. Il ne constitue nullement un modèle génétique en vertu duquel l'énonciateur choisirait d'abord un thème, puis un genre littéraire, puis un vocabulaire, etc... La liste même des plans retenus n'a pas fait l'objet d'une élaboration théorique suffisante pour prétendre définir un modèle de la textualité. Sa seule finalité est d'illustrer la variété des dimensions concernées par la perspective d'une sémantique globale, et rien n'interdit d'en isoler d'autres ou de répartir différemment les partages proposés.

Nous puiserons ces illustrations essentiellement dans les deux formations discursives dont le système de contraintes a été mis en place au chapitre précédent; c'est la seule façon de faire entendre la signification d'une telle approche. Comme il ne s'agit que d'illustrer nous serons allusif[10] et pour ne pas allonger inutilement la présentation nous privilégierons le discours humaniste dévot; en vertu du primat de l'interdiscursivité tout commentaire sur lui porte aussi, obliquement, sur le discours janséniste.

L'intertextualité

On distinguera *l'intertexte* d'un discours (l'ensemble des fragments qu'il cite effectivement) de son *intertextualité* (c'est-à-dire des types de relations intertextuelles que la compétence discursive définit comme légitimes).

Tout champ discursif définit une certaine manière de citer les discours antérieurs du même champ[11]. La manière dont un physicien moderne se rapporte à Galilée ou à Newton n'est pas comparable à la manière dont un discours catholique se rapporte à la production de saint Paul. Mais à côté de ces contraintes partagées par les divers membres d'un champ il y a aussi le passé spécifique que se construit chaque discours particulier, s'attribuant certaines filiations, en récusant d'autres.

Le système de contraintes intervient à ces deux niveaux d'intertextualité. C'est ainsi que si discours janséniste et humaniste dévot admettent tous deux, en tant que discours catholiques, l'autorité de la Tradition, ils n'en ont pas la même conception : par exemple, en vertu du principe de «Concentration» sur un Point-Origine, le discours janséniste donnera la primauté aux textes les plus proches dans le temps de la personne du Christ; préférence que le principe d'«Ordre» ignore. Les deux discours ne divergent pas moins sur la construction de leurs passés textuels respectifs : si les écrits jansénistes citent si volontiers comme autorités Tertullien ou saint Augustin, c'est parce qu'ils y lisent des énoncés sémantiquement voisins de ceux qu'autorise leur formation discursive. Ce double travail de la mémoire discursive intérieure au champ, on le dénommera *intertextualité interne*.

Un discours définit en outre un certain rapport à d'autres champs selon qu'ils sont citables ou non, ce qu'on appellera *intertextualité externe*. A ce sujet nous allons évoquer la relation qui se noue entre les deux discours dévots et les textes des naturalistes, d'une part, ou ceux des moralistes païens de l'Antiquité, d'autre part.

Si les naturalistes sont souvent invoqués à titre d'autorités par le discours humaniste dévot, c'est parce que la Nature y constitue l'«Ordre» théophanique par excellence, un «livre» dont les ouvrages de dévotion doivent s'inspirer sans cesse :

> Le monde, fait par la parole de Dieu, ressent de toute part cette parole... C'est un livre qui contient la parole de Dieu[12].

Quant aux auteurs païens, ils sont citables en vertu d'une double spécification de la notion d'« Ordre », l'une ontologique, l'autre historique.

Selon la première l'ensemble du Réel forme un « Ordre » constitué d'une /Diversité/ de niveaux /Hiérachisés/, depuis la matière inanimée jusqu'aux êtres purement spirituels. Ces niveaux se dépassent les uns les autres sans que le supérieur annule l'inférieur. Ainsi le chrétien représente-t-il une sublimation du niveau immédiatement inférieur, celui de l'homme purement « raisonnable », de « l'honnête homme » tel que l'ont appréhendé les Anciens. De ce point de vue la meilleure morale païenne apparaît comme une instance légitime, contiguë, et non opposée, à la vérité chrétienne.

Selon la seconde la chronologie de la Révélation constitue elle-même un « Ordre », une hiérarchie de degrés complémentaires qui garantit la légitimité des bons auteurs païens :

> Toute la meilleure philosophie des Gentils, toute la lumière de la raison, toute la Loi de la Nature... n'ont été à l'égard de tous les hommes de la terre que comme les ébauches et les préludes du christianisme; afin de préparer les esprits selon leur portée à l'intelligence et à la persuasion des vérités et des vertus supérieures par la connaissance des inférieures... Afin que le genre humain fût instruit, réglé conformément à sa capacité, il devait recevoir les mystères et les préceptes de salut par degrés et par ordre... comme un œil reçoit la lumière naturelle du jour, passant de la Nuit à l'Aurore, de l'Aurore au Matin, et du Matin au Midi[13].

On aura noté comment dans ce texte l'« Ordre » historique est lui-même posé comme /Homologue/ d'un « Ordre » naturel, celui que forment les diverses phases du cycle solaire.

Le discours janséniste en revanche, qui postule une /Altérité/ absolue entre le registre divin et le registre mondain, ne cite ni naturalistes ni auteurs païens. Pour lui l'intertextualité doit rejeter comme /Mélange/ impie tout « Ordre » qui associerait ces deux registres et n'admettre comme citable que le seul corpus chrétien.

Le vocabulaire

Cela n'a pas grand sens de parler du vocabulaire de tel ou tel discours, comme si un discours possédait un lexique qui lui soit propre. En fait, le plus souvent on a affaire à des exploitations sémantiques contradictoires des mêmes unités lexicales par les différents discours. C'est dire que le mot en lui-même ne constitue pas une unité d'analyse pertinente. En revanche, les analyses lexicologiques menées sur le discours ont bien montré l'intérêt que présente la construction de réseaux fondés sur la prise en compte des dimensions paradigmatiques et syntagmatiques et sur une combinaison de l'aspect quantitatif et de l'aspect qualitatif. Dans cet esprit nous avons mené une recherche sur le discours humaniste dévot, pour arriver à la conclusion que le lexème *douceur*[14] constituait en quelque sorte le « mot clé » de cet ensemble textuel[15]. Si le système de contraintes de ce discours est valide il doit pouvoir justifier le statut privilégié ainsi accordé à ce terme, qui n'appartient pas au vocabulaire obligé du discours dévot.

De fait, on n'a aucune difficulté à montrer que ce lexème, de par ses virtualités sémantiques en langue, se trouve recouvrir une part notable des catégories du modèle humaniste dévot esquissé au chapitre précédent. Il constitue donc logiquement un point de cristallisation sémantique de ce discours. Dans l'analyse de sa polysémie on voit nettement à l'œuvre le triplet de sèmes /Modération/-/Rythme/-/Plasticité/, c'est-à-dire les « aspects » du modèle; en outre, comme une bonne part des effets de sens de *doux* expriment une ouverture sur l'extérieur, la disponibilité à l'échange, on comprend qu'il soit privilégié par un univers discursif qui, en dernière instance, repose sur la communication entre les constituants d'«Ordres» de sociabilité, au sens le plus large.

Cette congruence remarquable entre l'aire de signification linguistique d'un terme et le système de contraintes d'un discours explique que les auteurs qui relèvent de ce dernier aient tout naturellement pensé leur propre énonciation comme «discours doux» et celle de leurs adversaires comme «discours dur». C'est en particulier le fait d'un ouvrage, *Vacationes autumnales*, de Louis de Cressolles, un Jésuite, sur lequel nous aurons à revenir[16].

On aurait toutefois tort de penser que dans un discours les mots ne sont employés qu'en raison de leurs virtualités de sens en langue. Car au-delà de leur stricte valeur sémantique les unités lexicales tendent à acquérir le statut de signes d'appartenance. Entre plusieurs termes *a priori* équivalents les énonciateurs seront portés à utiliser ceux qui marquent leur position dans le champ discursif. On connaît par exemple la vogue extraordinaire qu'a eue un mot comme *structure* dans la critique littéraire des années 60 dans des contextes où *système, organisation, totalité*, voire plus trivialement *plan*, auraient dit la même chose. C'est que la restriction de l'univers lexical est inséparable de la constitution d'un territoire de connivence.

Les thèmes

Une notion comme celle de «thème» d'un discours est d'un maniement très délicat dès qu'on cherche à lui conférer un statut un peu précis. On peut l'utiliser à de multiples niveaux: micro-thèmes d'une phrase, d'un paragraphe...; macro-thèmes d'un ouvrage entier, de plusieurs ouvrages...

Il n'entre pas ici dans notre propos de réfléchir sur cette notion pour elle-même et nous nous contenterons de la définition la plus vague, «ce dont traite un discours», à quelque niveau que ce soit. D'ailleurs, du point de vue d'un système de contraintes global une hiérarchie des thèmes n'a pas grand intérêt: puisque l'ensemble de la thématique se déploie à partir de lui, son action est perceptible en tous les points du texte. Tout ce que l'on peut dire, c'est qu'*a priori* les thèmes les plus importants sont ceux qui portent directement sur les articulations essentielles du modèle sémantique: si la Grâce divine joue un tel rôle dans le discours janséniste, c'est qu'elle touche aux relations entre les deux registres opposés de son système de contraintes.

Même si on tente de l'affiner avec des outils statistiques, la confrontation de listes des thèmes de différents discours constitue en soi une démarche tout à fait insuffisante. Comme dans le cas du vocabulaire, l'important n'est pas le thème mais son traitement sémantique. Ce que M. Pêcheux exprime ainsi:

> Un mot, une expression ou une proposition n'ont pas un sens qui leur serait propre en tant qu'attaché à leur littéralité, mais leur sens se constitue dans chaque formation discursive, dans les rapports que tels mot, expression ou propositions entretiennent avec d'autres mots, expressions ou propositions de la même formation discursive [17].

On s'en est avisé depuis longtemps dans le domaine de l'histoire des idées: si on décompose un discours dont la spécificité semble de prime abord ne pas faire le moindre doute en une somme de thèmes, il apparaît bien souvent que presque aucun de ces thèmes n'est réellement original, puisqu'on le retrouve en de multiples autres discours, voire chez ses adversaires [18]. En passant à un niveau plus abstrait, celui du système de contraintes de l'espace discursif, il devient possible de définir un nouveau mode de répartition des différences et des ressemblances; on ne dira plus que deux discours antagonistes partagent tel ou tel thème dès lors que leur opposition est globale, d'un système de contraintes à un autre.

Mais n'est-ce pas aller contre l'évidence que d'affirmer de deux discours en conflit sur un sujet quelconque qu'ils ne parlent pas de la même chose ? Ce qui rend pensable cette tension, c'est qu'elle est largement euphémisée par l'existence d'une masse considérable de présupposés partagés par les deux protagonistes, présupposés qui leur permettent précisément de s'opposer à l'intérieur d'un même champ. Les deux systèmes de contraintes sémantiques ont beau construire des thèmes de manières divergentes, cette divergence ne peut être que relative puisqu'ils sont plongés dans un univers d'a priori largement acceptés de part et d'autre [19].

Si maintenant l'on envisage quand même les thèmes des deux discours dévots indépendamment de leur traitement, il faudra rejeter aussi bien l'idée selon laquelle ces deux ensembles thématiques seraient identiques que celle selon laquelle ils seraient totalement disjoints. Admettre leur disjonction totale serait contradictoire avec le fait qu'ils aient pu coexister dans le même champ : la proportion de thèmes «imposés» par la commune référence au dogme catholique et les exigences du genre dévot ne saurait être que considérable. D'un autre côté, l'identité des deux ensembles est également impossible, même si l'on précise qu'ils ne reçoivent pas le même traitement sémantique; il est inévitable qu'il y ait des thèmes abondamment développés par l'un qui soient absents de l'autre. Le système de contraintes de chaque discours doit pouvoir expliquer ces divergences significatives, un thème développé par un seul discours se trouvant logiquement en conformité étroite avec celui-ci.

Par définition, les thèmes qui ne sont pas imposés par le champ discursif peuvent être absents d'un discours, mais ceux qui sont imposés peuvent être présents de manières très variées : un thème imposé qui est difficilement compatible avec le système de contraintes globales sera intégré, mais marginalement, tandis qu'un thème imposé fortement lié à ce système sera hypertrophié. Il peut également se faire que les deux discours accordent une importance comparable au « même » thème imposé pour peu que ce dernier présente un degré équivalent de connexité avec leurs systèmes respectifs.

Ainsi, seule la mise en relation de la surface discursive avec le modèle de compétence qui la rend possible permet d'évaluer le statut d'un thème. Sa marginalisation, par exemple, peut correspondre à des situations tout à fait contraires. Il peut s'agir, on vient de le voir, d'un thème imposé peu compatible avec la compétence discursive; il peut s'agir aussi d'un thème tout à fait dans le droit fil de cette compétence mais qui, comme il tend à s'écarter du dogme, n'est qu'esquissé. Cela arrive lorsque les énonciateurs, exploitant maximalement les possibilités qu'offre leur compétence discursive, produisent des énoncés dogmatiquement excentriques qui restent marginaux, tout en étant très révélateurs.

La situation est donc assez complexe; on peut la résumer en plusieurs propositions :

Dans l'espace discursif,

(1) Un discours donné *intègre sémantiquement tous ses thèmes*; c'est-à-dire qu'ils sont tous conformes à son système de contraintes.

(2) Ces thèmes se répartissent en deux sous-ensembles, les *thèmes imposés* et les *thèmes spécifiques*;

(2') Ces thèmes imposés se divisent eux-mêmes en *thèmes compatibles* et en *thèmes incompatibles*. Les premiers convergent sémantiquement avec le système de contraintes, les seconds non, mais sont intégrés quand même, en vertu de la proposition (1).

(2") Les thèmes spécifiques sont propres à un discours. Leur présence s'explique par leur relation sémantique privilégiée avec le système de contraintes.

Il n'est pas facile, même quand il existe un dogme officiel, de déterminer exactement les limites de l'ensemble des thèmes imposés car ils sont justement l'enjeu d'un débat permanent à l'intérieur du champ, chaque discours cherchant à être le seul orthodoxe. Certes, il existe un noyau doctrinal assez stable dans le catholicisme, surtout au XVIIe siècle, mais il demeure des zones instables, il y a des déplacements continuels: autant de réalités consubstantielles à la discursivité. Pour ne pas tomber dans une définition circulaire en décrétant «imposés» les thèmes qui sont communs aux deux discours de notre espace discursif il faut prendre en compte d'autres formations discursives catholiques de la même époque ainsi que les lignes de partage dogmatiques qui délimitent alors la déviance hérétique.

Dans le cas de discours d'un type différent la notion de «thème imposé» reste pertinente, mais la stabilité de cet ensemble ne peut qu'être moins grande. Dans le discours politique à visée électorale, par exemple, pour une conjoncture donnée il existe indéniablement un tel ensemble; tout discours recevable se voit ainsi imposer un certain nombre de thèmes: accroissement des libertés, sécurité des citoyens, qualité de la vie, etc… seront traités différemment par les discours, qui sont tenus de les prendre en charge.

Que ce soit par sa formation discursive et non par ses thèmes que se définisse la spécificité d'un discours, on peut en avoir une illustration nette avec le thème de la «clarté du français», qui constituait un thème imposé dans les idéologies politiques de la IIIᵉ République. Ce thème peut être caractérisé par la conjonction de deux propositions :
- la langue française est la plus claire ;
- cette propriété confère au peuple français une primauté dans l'ordre de la civilisation.

Or nous avons pu montrer facilement[20] que lorsque des discours aussi antagonistes que celui de «l'Action française» et celui de l'école républicaine le prennent en charge, c'est pour le construire de manières parfaitement divergentes, en fonction de leurs formations discursives respectives. Le premier l'articule sur une sorte d'ontologie néo-hellénique de l'harmonie du Cosmos et de la Cité, tandis que le second l'inscrit dans la lignée des «Lumières» du XVIIIᵉ siècle sur une philosophie du Progrès, de la lutte contre «l'obscurantisme». Bien que ces deux discours soient foncièrement incompatibles, ils peuvent effectivement croire qu'ils partagent, au-delà de leurs conflits, une «même» conviction.

Avec cet exemple on a affaire à un thème imposé qui se trouve compatible avec les deux discours considérés. Nous allons à présent envisager un thème imposé qui est compatible avec le discours humaniste dévot et incompatible avec le discours janséniste : le statut médiateur de la Vierge Marie. Il s'agit bien d'un thème imposé en ce qu'il fait partie du dogme catholique, et d'autant moins facultatif à cette époque que c'était là une des lignes de clivage entre protestants et catholiques.

L'humanisme dévot se caractérise entre autres choses par l'importance qu'il accorde à la dévotion mariale. Il existe effectivement une «compatibilité» extrême entre ce thème et son propre système de contraintes : dans cet univers sémantique où est valorisé tout ce qui contribue à mettre en communication dans le même «Ordre» Dieu et l'homme la Vierge ne peut qu'occuper une place privilégiée. En effet,

- par son immaculée conception elle se trouve relever à la fois de l'«Ordre» terrestre et de l'«Ordre» céleste, récusant toute /Rupture/ entre eux;
- en tant que mère humaine de Dieu elle assure la possibilité d'une contiguïté naturelle entre le divin et l'humain;
- par son «assomption» au Paradis elle offre une figure visible de la mise en continuité de l'ici-bas et de l'Au-delà.

Ce qui se traduit dans le discours par l'importance accordée à son double rôle de médiatrice : elle distribue la Grâce divine et présente à Dieu les requêtes des hommes.

Dans le discours janséniste en revanche il ne peut *a priori* y avoir qu'incompatibilité entre la figure mariale médiatrice et le système de contraintes, qui se fonde précisément sur le rejet de tout /Mélange/ entre les deux registres du naturel et du surnaturel. Les seuls points de passage licites entre eux y sont le Christ et la Grâce (qui coïncident en fait), dont la gratuité du don échappe à tout «Ordre» d'échanges. Dans une telle économie la médiation de la Vierge devient superflue, et même gênante. Si le discours janséniste pouvait se déployer suivant la stricte logique de sa compétence il ne lui accorderait guère plus de place que les théologies protestantes. Mais comme il s'agit d'un thème imposé, force lui est de l'intégrer d'une manière ou d'une autre.

Cela va se faire en particulier grâce au stéréotype de « l'humilité » de la Vierge[21]. Dans cette perspective le statut privilégié de la Vierge au Paradis se justifierait par le fait que toute sa vie durant elle s'est maintenue et a été maintenue par le Christ en position d'/Altérité/ maximale à l'égard de son Fils : elle qui par sa maternité se trouvait en contiguïté extrême avec lui a su réagir par une prise de distance non moins extrême, qui permet de préserver la stabilité sémantique du système janséniste. Elle apparaît dès lors comme un exemple pour les chrétiens, qui doivent eux aussi rejeter toute prétention à une communication naturelle avec Dieu. Autrement dit, loin de constituer un degré intermédiaire entre l'humain et le divin, elle a appartenu successivement aux deux univers, sans instaurer de contiguïté entre eux.

Nous allons maintenant évoquer un thème *spécifique*, emprunté au même discours janséniste, la nécessité de rester en silence autant que possible.

C'est là un des thèmes de prédilection de ce discours. On peut aisément expliquer sa redondance si l'on perçoit le lien sémantique privilégié que ce thème entretient avec le principe de « Concentration ». Ainsi dans ce fragment tout à fait significatif :

> Notre esprit étant dissipé par quantité de paroles inutiles se répand dans les choses extérieures et basses du siècle, comme par autant de ruisseaux, et il n'a pas la puissance de s'en retirer pour rentrer en soi-même et s'appliquer à connaître ce qu'il est. Cet esprit s'étant répandu par beaucoup de discours s'est rendu incapable de se réduire et de se renfermer dans cette contemplation secrète et intérieure qui demande beaucoup de silence[22].

On voit clairement associée la parole à l'/Expansion/ maléfique *(dissipé, se répand)*, à l'/Extériorité/, à la /Pluralité/..., c'est-à-dire au registre du « monde » pécheur. Le silence, par contre, est «Concentration» *(se retirer, rentrer en soi-même, se réduire, se renfermer).*

Le statut de l'énonciateur et du destinataire

Les divers modes de la subjectivité énonciative dépendent également de la compétence discursive, chaque discours définissant le *statut* que doit se conférer l'énonciateur et celui qu'il doit conférer à son destinataire pour légitimer son dire.

Dans le discours humaniste dévot, par exemple, l'énonciateur se donne comme intégré à un «Ordre»: il est membre d'une communauté religieuse reconnue, évêque, enseignant... et s'adresse à des destinataires eux-mêmes inscrits dans des «Ordres» socialement bien caractérisés (en tant que pères de famille, magistrats, maîtresses de maison, etc...[23]).

A cette dimension «institutionnelle» s'ajoute un certain rapport de l'énonciateur et du destinataire aux diverses sources de savoir; ce qui nous ramène à la dimension intertextuelle. Ce discours suppose un énonciateur dont les connaissance soient abondantes et diversifiées, capable de tisser des réseaux de correspondances entre les multiples régions du savoir, un humaniste précisément.

L'énonciateur janséniste en revanche est souvent anonyme ou pseudonyme et ne se réclame d'aucune inscription sociale. C'est seulement un chrétien, au mieux un prêtre, qui s'adresse à des âmes saisies en tant que telles dans leur unicité. Cet énonciateur vise à rendre ses destinataires /Identiques/ à Dieu et s'efface lui-même devant cet Enonciateur unique, seul légitimé à dire *je*. Ainsi quand un groupe de curés jansénistes veut fonder son statut d'auteur et celui de ses destinataires ne peut-il que montrer l'/Identité/ entre sa propre énonciation et celle de la Parole de Dieu :

> *De la même manière* que la piété des saints de l'Ancien Testament consistait à s'opposer aux nouveautés des faux prophètes, *qui étaient les casuistes de leur temps: de même*, la piété des fidèles doit avoir maintenant pour objet de résister aux relâchements des causuistes, *qui sont les faux prophètes d'aujourd'hui.* Et nous ne devons cesser de faire entendre à nos peuples ce que les vrais prophètes criaient incessamment aux leurs [24].

En matière de sources de savoir il en va de même : celles-ci ne sont plus encyclopédiques mais constituées d'une /Restriction/ de quelques ouvrages strictement religieux, voire réduites à l'unicité de l'Ecriture elle-même. Pour écrire il faut avant tout une « infusion » de Dieu dans l'énonciateur, une identification [25].

La deixis énonciative

L'acte d'énonciation suppose l'instauration d'une « deixis » [26] spatio-temporelle que chaque discours construit en fonction de son propre univers. Il ne s'agit donc pas des dates, les lieux où ont été produits les énoncés effectifs, par plus que le statut textuel des énonciateurs ne coïncide avec la réalité biographique des auteurs. L'espace-temps à l'intérieur duquel Hegel, par exemple, écrit *la Phénoménologie de l'Esprit* n'est pas la ville de Iéna en 1806 mais le lieu d'avènement de l'Esprit Absolu. De la même manière la deixis à partir de laquelle profère l'énonciateur janséniste n'est pas la France du XVIIe siècle mais l'Eglise primitive, au plus près des origines, avec laquelle s'identifie la communauté de Port-Royal. Comme le dit clairement Saint-Cyran :

> Il semble que l'Eglise s'étant premièrement assemblée dans Jérusalem comme dans un monastère et depuis en étant sortie pour s'étendre par toute la terre en plusieurs Eglises, elle s'est enfin réduite et comme renfermée dans plusieurs monastères pour garder mieux la grande

pureté de ces mœurs dans ce peu de maisons et dans ce petit nombre d'âmes choisies[27].

Avec ce texte on serre de près le couple «Concentration»/«Expansion»: l'Eglise primitive représente une «Concentration» idéale dans l'/Unité/-/Clôture/ d'une ville-monastère; la chute dans le registre négatif se traduit par une double «Expansion», spatiale *(s'étendre)* et quantitative *(plusieurs Eglises)*; l'énonciation janséniste provient d'une deixis qui, grâce à un mouvement de «Concentration» inverse *(réduite, renfermée)*, coïncide avec la /Ponctualité/ originelle, celle du non-/Mélange/ *(la grande pureté)* et de la /Restriction/ *(peu de maisons, petit nombre d'âmes)*.

Cette deixis dans sa double modalité spatiale et temporelle définit en fait une instance d'énonciation légitime, délimite la *scène* et la *chronologie* que le discours se construit pour autoriser son énonciation. Dans le cas du discours scolaire de la IIIe République, par exemple, l'énonciateur ne peut se poser comme Raison que dans la mesure où il parle à l'intérieur de la France de la fin du XIXe siècle. En effet, ce sont là le lieu et le moment que ce discours produit comme autorités à légitimer une telle énonciation: la France est à l'avant-garde de l'humanité, la République est le seul mode de gouvernement fondé sur les exigences de la Raison, la langue française est le plus parfait moyen d'expression des idées, etc...

D'une manière ou d'une autre il s'agit de mettre en place une scène et une chronologie conformes aux contraintes de la formation discursive.

Le mode d'énonciation

Mais un discours n'est pas seulement un certain contenu associé à une deixis et un statut d'énonciateur et de destinataire, c'est aussi bien une «manière de dire» spécifique, ce que nous appellerons un *mode d'énonciation*.

Dans le cas du discours humaniste dévot on comprendra aisément que celui-ci vise à intégrer énonciateur et destinataire dans un même «Ordre» de sociabilité idéale, par son énonciation même. Le texte se présentera donc comme un processus de communication entre honnêtes gens, gens de bonne compagnie précisément, soumis à la /Modération/, au /Rythme/ et à la /Plasticité/ (adaptation aux personnes, aux circonstances en particulier). Les ouvrages correspondants seront des conversations, des entretiens fictifs[28]. Ce faisant, ce discours montre une fois de plus sa tendance à sublimer les pratiques des «Ordres» mondains, en vertu d'une /Hiérarchisation/ sans /Rupture/; c'est à cette époque en effet que la conversation devient un art, quintessence de la vie des salons dont maint traité de «civilité» codifie les règles[29]. On peut aussi lire dans cette pratique textuelle une sublimation de l'art épistolaire mondain et une réélaboration des lettres de directeurs de conscience à leurs protégées.

On conviendra de nommer *genre discursif* ce versant typologique, formel du mode d'énonciation. Il n'est que le pendant d'un autre, moins souvent appréhendé, le *ton*.

M. Bakhtine avait déjà insisté sur «le rôle exceptionnel du ton..., l'aspect le moins étudié de la vie verbale», lié au «rapport du locuteur à la personne de son partenaire»[30]. Aujourd'hui c'est une dimension qui suscite beaucoup d'intérêt, à travers la réflexion sur la «voix», l'«oralité», le «rythme»[31] et, au-delà, sur le corps même. On peut fort bien, à l'instar de M. Foucault, refuser de voir dans le texte «le langage d'une voix maintenant réduite au silence»[32] et admettre pourtant qu'à travers ses énoncés le discours produit un espace où se déploie une «voix» qui lui est propre. Il n'est pas question de faire parler un texte muet mais de cerner les particularités de la voix qu'impose sa sémantique. *La foi en un discours suppose la perception d'une voix fictive, garant de la présence d'un corps.* Une voix qui cependant ne peut qu'avoir qu'une existence paradoxale, puisqu'elle est décalée par rapport au texte qu'elle supporte sans renvoyer à la plénitude d'un corps attesté.

Le discours a beau être écrit, il a une voix propre, même quand il la dénie. «L'oralité n'est pas le parlé», comme le rappelle justement H. Meschonnic[33]; pour ce dernier il s'agit d'affirmer

le primat du rythme et de la prosodie dans le sémantique, dans certains modes de signifier, écrits ou parlés. L'intégration du discours dans le corps et dans la voix, et du corps et de la voix dans le discours. Une sémantique de la signifiance généralisée, continue dans le discontinu des unités discrètes, où se limite la sémantique du signe[34].

Pour nous rien ne sert de poser le «primat» de la voix, qui n'est qu'un des plans constitutifs de la discursivité; mais c'est bien là une dimension irréductible de la «signifiance généralisée» qui gouverne notre démarche de sémantique «globale».

Le discours humaniste dévot définit par son dire même, parfois explicitement[35], un certain idéal de la voix, /Modérée/ en intensité, aux cadences mesurées (/Rythme/), /Diverse/ dans ses inflexions, souple (/Plasticité/)... en clair une élocution «douce», celle d'une sociabilité extrême. Ce n'est pas sans raison que ses auteurs font souvent l'apologie de la voix, expression de l'intériorité, moyen de communication sans égal qui entre directement dans l'âme d'autrui; c'est dans le droit fil de sa sémantique. Dans un tel cadre l'harmonie de la voix, par /Homologie/, participe de celle de la musique, qui traduit l'harmonie générale du Cosmos, c'est-à-dire, en fait, celle des règles du discours humaniste dévot lui-même[36].

Le «ton» s'appuie lui-même sur une double figure de l'énonciateur, celle d'un *caractère* et celle d'une *corporalité*, étroitement associés.

En effet, la figure qui supporte le ton doit être caractérisée «psychologiquement», se voir affectée de dispositions mentales qui soient le corrélat des affects qu'engendre le mode d'énonciation. Dans le cas de l'humanisme dévot se dessine la présence d'un énonciateur capable de s'intégrer aux multiples «Ordres» du Réel: affabilité, disponibilité, enjouement, etc... qui trouvent à se cristalliser dans une «douceur» exemplaire[37].

Ce «caractère» est inséparable d'une «corporalité», c'est-à-dire de schèmes définissant une certaine manière «d'habiter» son corps d'énonciateur, et indirectement d'énonciateur. Si, selon l'expression de Michel de Certeau, «chaque société a son corps»[38], délimité par de multiples codifications, chaque discours a aussi le sien : corps textuel qui ne se donne jamais à voir, mais partout présent, disséminé sur tous les plans discursifs. Le discours humaniste dévot impose la figure d'une corporalité que les textes, suivant en cela la grille «humorale» de la médecine de l'époque, caractérisent comme étant celle du «sanguin», laquelle sert de repoussoir à l'humeur «mélancolique». De fait, le tempérament sanguin représente la corporalité qui correspond le mieux au système de contraintes de ce discours; il est d'ailleurs tout à fait significatif que le texte humaniste dévot le plus connu, qui figure dans les premières pages de *l'Introduction à la vie dévote* de saint François de Sales et résume ses ambitions, ne soit autre qu'*un portrait physique et caractérologique* d'une dévotion sanguine, opposée à une dévotion mélancolique :

> Le monde, ma chère Philothée, diffame tant qu'il peut la sainte dévotion, dépeignant les personnes dévotes avec un visage fâcheux,

triste et chagrin, et publiant que la dévotion donne des humeurs mélancoliques et insupportables[39].

Le « mode d'énonciation » obéit donc aux mêmes contraintes sémantiques que celles qui règlent le contenu même du discours. Non seulement le mode d'énonciation devient souvent thème du discours, mais encore ce contenu trouve à « prendre corps » partout grâce au mode d'énonciation : les textes parlent d'un univers dont les règles sont celles-là mêmes qui président à leur énonciation. Si dans un cadre « antisubjectiviste » on pense, non sans pertinence, l'énonciation comme associée à une « place », une « position » assignée par le discours, on ne doit pas pour autant voir dans l'énonciateur un pur point d'entrecroisement de séries institutionnelles : il se construit aussi comme « ton », « caractère », « corporalité » spécifiques. Le sens que délivre le discours s'impose par là aussi bien que par la doctrine, sans qu'on puisse jamais poser la moindre extériorité entre les deux aspects. Le discours cartésien, par exemple, ce n'est pas seulement une chaîne d'arguments, c'est encore cette voix blanche et obstinée qui prend méthodiquement possession de la page. Cette réversibilité du dit et du dire définit le discours comme *espace utopique*, où vient s'incarner dans sa plénitude la sémantique qui supporte son dit.

Nous avons donc affaire ici à tout autre chose qu'à un dispositif rhétorique par lequel l'auteur « choisirait » le procédé le plus conforme à ce qu'il « veut dire ». Nous introduirons la notion d'*incorporation* pour évoquer cette intrication radicale du discours et de son mode d'énonciation. Jouant quelque peu avec l'étymologie on fera apparaître trois dimensions complémentaires :

1. Le discours à travers le corps textuel fait s'incarner l'énonciateur, lui donne corps;
2. Ce phénomène fonde l'« incorporation » par les sujets de schèmes définissant une manière concrète, sociale-

ment caractérisable, d'habiter le monde, d'entrer en relation avec autrui;
3. Cette double «incorporation» assure elle-même l'«incorporation imaginaire» des destinataires dans le corps des adeptes du discours.

Dans cette perspective le destinataire n'est pas seulement un consommateur d'«idées», il accède à une «manière d'être» au travers d'une «manière de dire». Le lien ainsi établi entre le corps et l'efficace du discours n'est pas sans faire songer à la réalité des pratiques langagières telles que les appréhendent à un niveau différent certaines tendances de la sociolinguistique, celle de P. Bourdieu en particulier. Pour ce dernier «le langage est une technique du corps et la compétence proprement linguistique, et tout spécialement phonologique, est une dimension de l'hexis corporelle où s'exprime tout le rapport au monde social». Ainsi «c'est par l'intermédiaire de la discipline corporelle et linguistique que s'opère l'incorporation des structures objectives et que les «choix» constitutifs d'un rapport au monde économique et social sont intériorisés sous la forme de montages durables et soustraits aux prises de conscience»[40]. Les conflits entre formations discursives ne se laissent évidemment pas ramener à des conflits de classes sociales, mais d'un côté comme de l'autre il s'agit bien d'organiser un rapport au monde à travers le langage d'une communauté; on comprend que s'avère cruciale la constitution d'un mode d'énonciation spécifique articulé sur des schèmes corporels[41].

Le mode de cohésion

Nous n'avons pas encore évoqué l'*intradiscursivité*, ce qui relève du *mode de cohésion* propre à chaque formation discursive; cela renvoie plus largement à une théorie de l'«anaphore» discursive, c'est-à-dire de la manière dont un discours construit son réseau de renvois internes. Ce domaine recouvre des phénomènes très divers, dont la *découpe discursive* et les *enchaînements*. Nous ne pourrons qu'être allusif à ce sujet dans la mesure où une illustration exigerait des analyses textuelles détaillées qui sont ici hors de propos.

La «découpe discursive» s'exerce à un niveau fondamental, traversant les partages en genres constitués. Le discours janséniste, par exemple, entretient un lien essentiel avec le fragment. Il n'existe pas de «sommes» jansénistes, seulement des maximes, des essais, des lettres, des recueils de citations, des réflexions, etc... Ceci s'inscrit dans la logique d'une sémantique qui privilégie la discontinuité, le repli sur l'intériorité, la clôture, la mise en équivalence d'unités autarciques. Avec ce corpus on a affaire à une juxtaposition d'unités investies par le même «esprit», mais qui en s'additionnant ne dessinent pas la forme d'une totalité naturelle. «Désordre» apparent qui renvoie à un ordre invisible, contraire à celui des hommes, celui de Dieu[42].

Le discours humaniste dévot, par contre, fidèle à son principe d'«Ordre», édifie de vastes cycles, construit le parcours d'éléments variés et contigus qui par leur combinaison hiérarchisée dessinent la figure d'un cosmos. L'«Ordre» intégrateur s'oppose ici à la dispersion des fragments fondés solitairement en Dieu. Opposition qu'indique obliquement Saint-Cyran quand il dit:

> Pour moi, j'estime plus le moindre écrit fait par une âme qui est à Dieu et qui l'a invoqué en le faisant, sans s'empresser et s'agiter et sans en parler jamais qu'après qu'il a été fait et que Dieu le veut, que des tomes entiers de théologie et de grands livres de dévotion[43].

D'une part la «Concentration» du «moindre écrit» produit dans l'/Intériorité/ silencieuse d'une âme /Identique/ à Dieu, /Stable/ comme lui; de l'autre la vaine /Etendue/, l'/Extériorité/ de «tomes entiers», de «grands livres» d'auteurs bavards.

Cette découpe discursive ne présente de pertinence réelle que rapportée au système qui lui assigne son sens. Le fragment, par exemple, n'a pas une signification stable par lui-même : rien ne permet d'affirmer que l'aphorisme nietzschéen correspond à la même découpe que les maximes de La Rochefoucauld. De la même manière, les *Essais de morale* de P. Nicole ne supposent pas la même conception du «désordre» que les *Essais* de Montaigne : si le premier renvoie à un univers lacunaire et sans repères où Dieu seul est un point fixe, le second suppose un monde continu où tout est l'écho de tout, un cosmos où le cheminement apparemment le plus capricieux obéit à une loi profonde.

Du mode de cohésion relèvent aussi à un niveau plus superficiel les modes d'*enchaînement* du discours. C'est là un domaine mal connu mais d'une grande importance. Chaque formation discursive possède une manière qui lui est propre de construire ses paragraphes, ses chapitres, d'argumenter, de passer d'un sujet à un autre... Toutes ces jointures d'unités petites ou grandes ne sauraient échapper à la portée de la sémantique globale. On peut prédire par exemple que le discours janséniste est soumis à une double pression, circonscrite par les deux sèmes /Similarité/ et /Nécessité/ : d'un côté la répétition de l'Ecriture et de la Tradition (copie, paraphrase, commentaire), de l'autre des déductions à partir de ce corpus autorisé.

Cette illustration des retombées d'une «sémantique globale» nous fait rejeter à nouveau la conception du discours comme «système d'idées». Dans cette dernière optique la conscience des sujets apparaît comme une scène où viennent s'inscrire des idées produites ailleurs plutôt que comme une instance douée d'un dynamisme propre. Le spectre qu'on cherche ainsi à conjurer, c'est évidemment celui d'une autonomie des idées; mais il n'est pas certain que cela doive se faire au prix d'une réduction de la conscience à un lieu de passage inerte, ouvert à des forces extérieures. Ce qu'il faudrait mettre en cause, c'est le primat du *voir*, d'une idéologie-« vision » du monde, l'assimilation du discours à une doctrine. *Mutatis mutandis* on pourrait dire qu'une telle assimilation est pour le discours ce qu'est pour le langage la réduction d'une langue à un instrument destiné à transmettre des informations.

Les contraintes de la sémantique globale ne sont pas seulement vouées à analyser des « idées », elles spécifient un fonctionnement discursif qui à des degrés divers a investi le vécu de sujets. On a vu comment la « doctrine » était en réalité inséparable d'une interdiscursivité, d'un mode d'énonciation, d'un processus d'« incorporation »..., que ce sont les mêmes catégories qui gouvernent tous ces plans à la fois. Le système de contraintes définit aussi bien un rapport au corps, à autrui... que des idées, c'est l'envers et l'endroit du discours, toute une relation imaginaire au monde.

Au début de ce chapitre nous avons critiqué la démarche de M. Guéroult à l'égard du texte philosophique. En un sens on peut ici encore rapprocher cette critique de certaines de celles qu'adressait J. Derrida à quelques tendances du structuralisme littéraire[44]. Le philosophe parle en effet d'« ultra-structuralisme » pour désigner cette tendance à « confondre le sens avec son modèle géométrique ou morphologique »[45], aux dépens de « ce qui résiste à la métaphore géométrique »[46]. En refusant le primat du « voir » dans le discours, en ne définissant aucun plan privilégié, en optant pour l'« energeia » d'une compétence contre une statique des formes, nous cherchons à restituer quelque chose de cette «force» du langage; certes,

dire la force comme origine du phénomène, c'est sans doute ne rien dire. Quand elle est dite, la force est déjà phénomène. Hegel avait bien montré que l'explication d'un phénomène par une force est une tautologie. Mais en disant cela, il faut viser une certaine impuissance du langage à sortir de soi pour dire son origine, et non la pensée de la force. La force est l'autre du langage sans lequel celui-ci ne serait pas ce qu'il est[47].

NOTES

[1] *Descartes selon l'ordre des raisons*, Paris, 1953, tome 1, p. 9.
[2] *Op. cit.*, p. 10.
[3] *Ibidem*.
[4] P. 13.
[5] «Traits fondamentaux définissant dans toute sa généralité le schéma générateur de la langue» (1826) in A. Jacob, *Genèse de la pensée linguistique* (Paris, 1973), p. 90.
[6] Pour Chomsky, Humboldt en disant que «chaque langue offre un «monde pensé» et un point de vue unique en son genre... s'éloigne radicalement du cadre de la linguistique cartésienne» (*op.cit.*, Seuil, 1969, p. 43).
[7] *Op. cit.*, p. 90.
[8] *Op. cit.*, p. 92.
[9] *Op. cit.*, p. 95.
[10] Tous ces exemples sont développés dans *Sémantique de la polémique* (L'Age d'Homme, 1983)
[11] Evidemment quand on parle ici du «même» champ on renvoie davantage à l'imaginaire d'une filiation qu'à une vérité indiscutable; on sait quelles controverses ne manque pas de susciter une approche «continuiste» de l'histoire des sciences.
[12] Saint François de Sales, *Traité de la prédication*, III, I.
[13] F. Bonal, *le Chrétien du temps*, IIIe partie, p. 2 (Paris, 1655).
[14] *Douceur* vaut ici aussi bien pour *doux* que *douceur* ou *doucement*.
[15] Ce point est étudié dans «Réseaux d'associations et mots clé en analyse du discours» *(Cahiers de lexicologie*, 1982, 1).
[16] L'ouvrage s'intitule *Vacationes autumnales sive de perfecta oratoris actione et pronuntiatione* (Paris, 1620).
[17] Les vérités de La Palice, Paris, Maspero, 1975, p. 145.

[18] Nous avons déjà évoqué ce point au chapitre précédent; l'article de J. Orcibal cité à ce propos passe précisément en revue les thèmes censés jansénistes et montre qu'aucun d'eux n'est propre à ce courant.
[19] Nous rencontrerons à nouveau ce problème au chapitre suivant.
[20] Dans un article paru dans le n° 2 des *Archives et documents de la société d'histoire et d'épistémologie des sciences du langage*, (1982), «Un cas d'ambiguïté idéologique: la clarté de la langue française».
[21] Développé par exemple par Saint-Cyran dans *Vie de la Sainte Vierge mère de Dieu ou considérations sur les fêtes et mystères de sa vie* (2e éd., Paris, 1688).
[22] G. Le Roy, *la Solitude chrétienne*, tome 1, p. 513, Paris, 1651.
[23] Cf. ces titres significatifs d'ouvrages dévots d'Yves de Paris:
- *Le gentilhomme chrétien*, Paris, 1666;
- *Le magistrat chrétien*, Paris, 1688.
[24] *Ecrits des curés de Paris* in *les Provinciales* de Pascal, Paris, Garnier, 1965, p. 465.
[25] Cf. cet «Avis» qui précède les *Pensées chrétiennes sur la pauvreté* de Saint-Cyran, (Paris, 1670):
Ce grand homme était si plein des expressions des Pères et de l'Ecriture qu'il ne faisait le plus souvent que redire, sans néanmoins qu'il s'en aperçût, ce que l'Esprit Saint avait inspiré dans le cours des siècles de l'Eglise aux Interprètes de la Vérité.
[26] En linguistique on entend par là l'ensemble des repérages dans l'espace et le temps que met en place un acte d'énonciation grâce à des «embrayeurs» (ou «shifters»).
[27] *Lettres chrétiennes...*, tome II, p. 95 (Paris, 1647).
[28] C'est le cas de la célèbre *Introduction à la vie dévote*, adressée à une certaine «Philothée», mais aussi de la plupart de ces ouvrages, qui s'entretiennent avec des interlocuteurs fictifs qui répondent à des noms comme Philagie, Sophronie, Théophron, Théotime...
[29] Pour une bibliographie détaillée de cette littérature voir *Revue d'histoire littéraire de la France*, nos 23 (1916), 24 (1917), 33 (1926). Cette production se développe considérablement dans la seconde moitié du XVIIe siècle. Pour Michel de Certeau («Histoire de corps», *Esprit*, fev. 1982, p. 184) ce phénomène serait lié à l'émergence d'un corps social atomisé; ces traités de civilité se multiplient «comme s'il fallait produire socialement, par cette réglementation des corps, un ordre que le cosmos ne garantit plus». De ce point de vue l'humanisme dévot apparaît comme une ultime tentative pour fonder les codes sociaux sur une harmonie cosmique; mais il y a là une démarche sans lendemain; par la suite la civilité deviendra une simple gestion des relations humaines.
[30] T. Todorov, *le Principe dialogique*, Seuil, 1981, p. 83.
[31] Voir par exemple, Paul Zumthor: *Présence de la voix. Introduction à la poésie orale* (Seuil, 1983). - Henri Meschonnic: *Critique du rythme* (Verdier, 1982). - Les revues *Traverses* (nov. 1980: «La voix, l'écoute») et *Langue française* (n° 56, déc. 1982: «Le rythme et le discours»). Il en va de même en psychanalyse, en musicologie, etc.
[32] *Archéologie...*, p. 14.
[33] In *Langue française*, n° 56, 1982, p. 15.
[34] *Art. cit.*, p. 18.
[35] Voir par exemple *Quel est le meilleur gouvernement, le rigoureux ou le doux?*, d'E. Binet (Paris, 1636) ou *Les femmes, la modestie et la bienséance chrétienne* (1667), chap. XI, de Pierre Le Moyne.

[36] Thème développé entre autres par L. de Cressolles (*Vacationes autumnales*, III, 3). De manière générale les auteurs humanistes dévots dissertent beaucoup sur la musique, alors que les jansénistes, qui ont perdu la référence au cosmos, l'ignorent.
[37] C'est le sujet du livre du Père Binet cité à la note 35.
[38] *Esprit*, fev. 1982, p. 180.
[39] *Œuvres*, Pleiade, p. 34.
[40] *Langue française* n° 34, pp. 31-32.
[41] Dans le cas des deux discours dévots il n'est sans doute pas insignifiant que l'un, l'humanisme dévot, soit «proaristocratique» et l'autre «bourgeois» (sur ce point voir le chapitre VII). Le rapport au corps en est certainement affecté, mais à travers une sédimentation culturelle considérable.
[42] On trouve chez Martin de Barcos, le neveu de Saint-Cyran, ces lignes révélatrices :
«Vous avez tort de vous excuser du désordre de vos discours et de vos pensées, puisque s'ils étaient autrement ils ne seraient point dans l'ordre, surtout pour une personne de votre profession [une religieuse]. Comme il y a une sagesse qui est folie devant Dieu, il y a aussi un ordre qui est désordre; et par conséquent il y a une folie qui est sagesse, et un désordre qui est un règlement véritable, lequel les personnes qui veulent suivre l'Evangile doivent aimer».
(*Correspondance de Martin de Barcos*, P.U.F., 1956, p. 140).
[43] *Lettres chrétiennes et spirituelles*, tome II, Paris, 1647, p. 227.
[44] On notera que Derrida rappelle à ce propos les critiques adressées par Leibniz *à Descartes*, accusé d'avoir ignoré la force comme telle et de l'avoir confondue avec la quantité de mouvement (*l'Ecriture et la différence*, p. 29). Il y aurait donc une adéquation remarquable entre les présupposés de Gueroult sur la nature du discours philosophique et l'objet qu'il se donne, à savoir la philosophie cartésienne, ou plutôt la représentation qu'il en offre.
[45] *L'Ecriture et la différence*, p. 29.
[47] *Op. cit.*, p. 35.
[47] *Op. cit.*, p. 45.

Chapitre 4
La polémique
comme interincompréhension

I

Quand on le considère comme réseau d'interaction sémantique l'espace discursif définit un processus d'*interincompréhension* généralisée, condition de possibilité même des diverses positions énonciatives. Pour elles il n'y a pas dissociation entre le fait d'énoncer conformément aux règles de sa propre formation discursive et de «ne pas comprendre» le sens des énoncés de l'Autre; ce sont deux facettes du même phénomène. Dans le modèle cela se manifeste en cela que chaque discours est délimité par une grille sémantique qui d'un même mouvement fonde la mésentente réciproque.

Chaque discours repose en effet sur un ensemble de sèmes répartis sur deux registres, d'une part les sèmes «positifs», revendiqués, d'autre part les sèmes «négatifs», rejetés. A la position discursive est associée un dispositif qui la fait interpréter les énoncés de son Autre en les traduisant dans les catégories du registre négatif de son propre système. Autrement dit, ces énoncés de l'Autre ne sont «compris» qu'à l'intérieur de la clôture sémantique de l'interprète; pour constituer et préserver son identité dans l'espace discursif le discours ne peut avoir affaire à l'Autre en tant que tel, mais seulement au simulacre qu'il en construit. On conviendra de nommer *discours-agent* celui qui se trouve en position de traducteur et *discours-patient* celui qui est ainsi traduit; c'est par définition au profit du premier que s'exerce l'activité de traduction.

Nous parlons donc ici de «traduction» en un sens assez particulier. Il ne s'agit pas d'une traduction de l'«autre» dans le «même» comme lorsque l'on dit de mythes, d'idéologies... qu'ils convertissent l'étrangeté radicale du réel dans leur code pour la domestiquer. Il ne s'agit pas non plus d'une traduction interlinguistique, d'un idiome à un autre. Il n'y a aucune raison de limiter l'usage de ce terme à la seule opacité entre langues naturelles distinctes : à l'intérieur d'une même langue il existe partout des zones d'incompréhension réciproque, et pour peu que celles-ci fassent système, définissent une aire d'énonciation spécifique, on peut les penser en termes de «discours» et de «traduction». Nous définissons ainsi des règles de passage d'une interprétation à une autre, sans toucher à la stabilité du signifiant linguistique. Démarche qui n'est au fond qu'une conceptualisation des dires de la sagesse des nations, laquelle sait parler de «dialogues de sourds» ou affirmer d'adversaires qu'ils «ne parlent pas la même langue». Pentecôte pervertie où chacun entend bien les énoncés de l'Autre dans sa propre langue, mais à l'intérieur du même idiome.

En évoquant de cette façon le passage d'une «interprétation» à une autre du «même» énoncé nous donnons peut-être l'impression, erronée, que ces deux interprétations se trouvent sur le même plan. En réalité, on ne dira pas que l'énonciateur d'un discours « interprète » ses propres énoncés; c'est là un privilège réservé à une instance extérieure. Le discours ne peut s'interpréter lui-même que sur le mode ineffable de la coïncidence avec sa propre compétence (« c'est bien ça ! ») ou en produisant des gloses relevant de cette même compétence, qui sont à leur tour passibles d'une traduction sémantique par l'Autre.

On le voit, cette interincompréhension nécessaire ne s'exerce pas au même niveau que les multiples formes de malentendu qu'une linguistique soucieuse de rendre compte de la réalité de l'activité langagière peut être conduite à souligner. Comme l'écrivent très justement A. Culioli et J.-P. Desclés,

> Il ne faudrait pas croire qu'à l'intérieur d'une même langue deux sujets échangent nécessairement les *mêmes* représentations. Une langue est foncièrement *ambiguë*. Un énonciateur peut donc produire un agencement de représentants; cet agencement est ensuite analysé par l'auditeur qui, à son tour, reconstruit une nouvelle représentation qui peut être différente de la première représentation voulue par l'énonciateur[1].

Malgré leur similitude apparente ces deux processus, linguistique et discursif, sont incommensurables : la « traduction » qui nous intéresse ici est un mécanisme nécessaire et régulier, lié à la constitution de formations discursives qui renvoient au-delà d'elles-mêmes à des discontinuités socio-historiques irréductibles.

Si l'incompréhension à l'intérieur de l'espace discursif ne relève pas des malentendus langagiers usuels, elle semble en revanche s'inscrire dans une problématique qui a acquis ses lettres de noblesse en histoire des sciences, celle de la « réductibilité » ou de l'« irréductibilité » d'une théorie scientifique à une théorie postérieure. On sait que T.S. Kuhn et P. Feyerabend ont défendu l'idée que ces « paradigmes» successifs étaient incommensurables, qu'on ne pouvait postuler aucune invariance du vocabulaire descriptif entre les théories de Galilée, de Newton, d'Einstein, par exemple. Comme dans notre propre cadre n'a-t-on pas affaire à un changement global de l'univers de référence, qui interdit toute superposition ? Selon les termes de Feyerabend :

> Ce qui se produit lors d'une transition entre une théorie restreinte T' et une théorie plus large T est quelque chose de beaucoup plus radical que l'incorporation de la théorie T' *inchangée* au contexte plus large de T. Ce qui se produit en réalité c'est le remplacement de l'ontologie de T' par l'ontologie de T, accompagné du changement correspondant de signification de tous les termes descriptifs de T' (à supposer que ces termes soient toujours en usage)[2].

A y regarder d'un peu plus près la problématique de l'historien des sciences apparaît assez différente. Certes, d'un côté comme de l'autre se pose un problème de traduction entre systèmes qui prétendent appartenir au même champ, parler de la «même» chose avec les «mêmes» mots, mais les discours que nous considérons ne sont pas soumis à la dialectique du progrès scientifique. Il existe en effet une dissymétrie radicale entre une théorie «restreinte» et une théorie «large» dans la mesure où la théorie restreinte ne peut intégrer la théorie large; dans le cas de discours politiques, religieux, philosophiques... une telle dissymétrie n'existe pas et chaque discours peut intégrer son Autre et être intégré par lui, dans une réversibilité essentielle.

De manière plus générale, l'irréductibilité des théories scientifiques constitue une question irritante pour les épistémologues, une sorte d'aporie, alors que l'irréductibilité des discours pleinement «idéologiques» représente quelque chose de tout à fait normal. Une question irritante parce que les lois de la théorie restreinte réinterprétées par la théorie large ne sont ni les mêmes ni tout à fait autres; il y a donc là matière à controverses à l'infini et les positions défendues ne sont en fait que la conséquence d'options philosophiques ultimes. En revanche, pour des discours qui ne peuvent pas prétendre à la consistance et à l'adéquation empirique on a affaire à des univers sémantiques soumis à une toute autre économie, dont les notions sont construites sur un intertexte flottant et n'accèdent jamais à l'univocité.

II

Logiquement, la présentation de la « composante de traduction » de l'espace discursif n'aurait pas dû être dissociée de celle des systèmes de contraintes de chaque discours, puisqu'on les a posés comme les deux faces d'un même fonctionnement. Si nous avons différé jusqu'ici cette présentation, c'est pour en faire mieux ressortir les implications et bénéficier des acquis du chapitre précédent.

Les sèmes construits au chapitre 2 se distribuaient de cette manière :

Oppositions M1+ vs M1−			M2+ Sèmes obtenus par l'opération d' Harmonisation		M2− Sèmes obtenus par l'opération de Contrariété
Identité } Altérité }	vs	Mélange	Communication	vs	Rupture
Unité	vs	Pluralité	« Ordre »	vs	« Atome »
Ponctualité	vs	Etendue			
Consistance	vs	Inconsistance	Plasticité	vs	Dureté
Intensité	vs	Faiblesse	Modération	vs	Excès
Stabilité	vs	Instabilité	Rythme	vs	{ Figement Dérèglement
Similarité } Dissembl. }	vs	Confusion	Homologie	vs	Isolement
Nécessité	vs	Contingence	Probabilité } Contiguïté }	vs	Contrainte
Homogénéité	vs	Hétérogénéité	Diversité	vs	Uniformité
Cohérence	vs	Incohérence	« Ordre »	vs	« Atome »
Restriction	vs	Prolifération	Abondance	vs	Rareté
Totalité	vs	Indéfinité	Majorité	vs	Marginalité
Centré	vs	Informe	« Ordre »	vs	« Atome »
Intériorité	vs	Extériorité	Expression	vs	Introversion
Hauteur	vs	Largeur	Hiérarchie } Flexion }	vs	{ Tyrannie Raideur
Clôture	vs	Ouverture	Echange	vs	Autarcie

En principe, les règles de l'interincompréhension dérivent naturellement de la structure même du modèle. De fait, quand un énonciateur humaniste dévot placé en position de discours-agent traduira en M_2^- les catégories de M_1^+, il traduira la /Consistance/ en /Dureté/, la /Verticalité/ en /Tyrannie/, et ainsi de suite.

Mais l'« énonciateur-agent » janséniste n'opère pas de manière symétrique. Ce qu'il lui faut faire, c'est montrer que la fonction d'« harmonisation » qui se trouve à la racine du système de son Autre associe deux catégories qui doivent rester antonymiques, et ne définit donc pas des catégories positives; dans cette perspective le système humaniste dévot apparaît comme un /Mélange/ impie des contraires qui ne s'avoue pas comme tel: il revient alors à l'énonciateur janséniste de ramener ce /Mélange/ à M1−, c'est-à-dire au registre négatif; la /Modération/, par exemple, sera analysée comme une /Faiblesse/ déguisée, l'/Abondance/ comme une /Pluralité/, etc...

Appelons F1 et F2 les deux fonctions qui prennent en charge ce double processus de traduction, F1 allant de M2 vers M1 (le discours janséniste est alors agent) et F2 de M1 vers M2 (quand l'humanisme dévot est agent). On précisera que F1 peut prendre deux formes distinctes; en effet, comme on vient de le voir, si F1 part de M2+, le registre positif adverse, elle analyse ce dernier comme un /Mélange/ et le ramène à M1−. Dans ce cas il y a composition de deux opérations successives. Si F1 part du registre négatif de M2 il lui suffit pour traduire de poser directement l'identité entre ce M2− et M1+; cette identité revient à dire que le discours humaniste dévot rejette comme négatifs les sèmes que le discours janséniste considère précisément comme les seuls légitimes: la /Clôture/, par exemple, qui permet de se couper d'un «monde» pécheur aurait été indûment traduite en /Autarcie/ par le discours de l'humanisme dévot.

Ce qui ressort de cette rapide mise en place de la composante de traduction, c'est la *dissymétrie* entre F1 et F2. Chaque formation discursive a une manière propre d'interpréter son Autre. Une telle idée va d'ailleurs à l'encontre des représentations spontanées, pour lesquelles l'« antagonisme » entre deux discours est une notion stable qu'il n'est pas besoin de spécifier davantage. En réalité, dès lors que le rapport à l'Autre est constitutif il n'est qu'un aspect du fonctionnement de la formation discursive et se trouve spécifié en conséquence. Il n'existe pas de relation polémique « en soi » : la relation à l'Autre est fonction de la relation à soi-même. Ainsi le système janséniste visera-t-il à *dissocier* tout terme sémantique complexe quand son adversaire tendra constamment à *intégrer* son Autre.

Cette « intégration » semble contredire la description que nous avons faite de F2, qui excluait purement et simplement le registre positif du discours janséniste, au lieu de l'intégrer. C'est là un point qui doit être précisé.

En fait, l'exclusion polémique simple n'est pas la seule ressource dont dispose, de par sa sémantique, le système humaniste dévot et l'on doit même dire que ce n'est pas sa stratégie de prédilection en matière de traduction des énoncés de son Autre. L'idéal pour lui, ce serait de faire du discours janséniste un composant parmi d'autres d'un « Ordre », c'est-à-dire de faire l'économie de la polémique. Il s'efforce donc de fonder l'existence d'un ensemble de dévotions différentes, toutes légitimes, dont le jansénisme serait une des espèces, austère en l'occurrence. Comme l'explique François de Sales :

> Toutes les Religions [3] et toutes les assemblées de dévotion ont un esprit qui leur est général, et chacune en a un qui lui est particulier. Le général est la prétention qu'elles ont toutes de prétendre à la perfection de la charité... Mais l'esprit particulier, c'est le moyen de parvenir à cette perfection de la charité... Par exemple, les Chartreux ont un esprit tout à fait différent de celui des Jésuites, et celui des Capucins tout différent de ceux-ci [4].

Dans cette perspective les tenants d'une dévotion austère, Chartreux ou Jansénistes, sont légitimés, mais à la condition qu'ils acceptent de n'être qu'un des constituants de l'« Ordre » des diverses dévotions. Ainsi, même si les faveurs de l'humanisme dévot vont plutôt à une religion « douce », le discours janséniste participerait à l'harmonie universelle [5]. Bien évidemment, ce discours janséniste qu'on intègre à un « Ordre » n'est qu'un simulacre construit par le système humaniste dévot.

Avant que ne se constitue le discours janséniste, quand le discours humaniste dévot se trouvait dans un espace discursif différent, sa place était donc déjà inscrite dans l'univers sémantique de son futur adversaire, celle d'une dévotion austère : le discours nouveau n'est pas pensé comme tel, il est intégré à la grille préexistante. De la même manière, pour un discours marxiste-léniniste orthodoxe tout discours qui se développe sur d'autres bases que les siennes est ramené en dernière instance à l'une des formes d'hérésies que les fondateurs ont répertoriées dès l'origine. Dans ce domaine maintenir son identité et définir *a priori* toutes les figures que peut prendre l'Autre sont une seule et même chose.

Le discours nouveau ou tout simplement le discours adverse ainsi intégrés ne peuvent s'accommoder d'une telle traduction de leur identité. Le discours janséniste, par exemple, prétend au monopole énonciatif, refuse d'occuper une place dans l'« Ordre » puisque c'est précisément contre le principe d'« Ordre » qu'il s'est constitué. Attitude exclusive qui contraint l'humanisme dévot à la polémique ; ce dernier oscillera dès lors entre deux stratégies exemplaires :

- l'intégration, que nous venons d'évoquer, qui consiste à critiquer non la sémantique du discours adverse mais sa prétention à un monopole ;
- l'exclusion, le rejet de l'univers sémantique adverse comme incompatible avec la vérité.

Cette oscillation ne traduit en rien une indécision, elle est inscrite dans la structure même de l'espace discursif. C'est une situation classique lorsqu'un discours intégrateur affronte un discours exclusif qui se constitue contre lui : des pensées de l'individualité absolue comme celles de Kierkegaard ou Marx Stirner sont vouées à faire l'objet d'intégrations par des pensées qui en font des vérités partielles à dépasser par quelque dialectique. Mais c'est oublier que ces pensées de l'Individu se sont justement construites contre de telles intégrations (cf. le rapport entre Kierkegaard et Hegel ou entre Dostoïevski et le socialisme du XIXe siècle) et qu'elles ne peuvent être intégrées que sous la forme d'un simulacre. Il en va évidemment de même dans le sens inverse : le discours métaphysique que Stirner construit pour le récuser n'est qu'un simulacre lui aussi, par exemple un mythe mensonger destiné à spolier le moi de sa propriété.

Comme on le voit, la formation discursive ne définit pas seulement un univers de sens propre, *elle définit également son mode de coexistence avec les autres discours*. Ce que dit E. Verón du discours politique, à savoir qu'il « ne peut pas supporter qu'il y ait un autre discours politique », que « sa tendance la plus profonde est d'annuler le discours de l'autre »[6], est certainement vrai de tout discours, mais exige d'être considérablement affiné à la lumière des réflexions précédentes. Il faut préciser qu'il y a des discours dont la sémantique exige crucialement la pluralité des discours, et d'autres qui ne peuvent fonctionner qu'en revendiquant le monopole de la légitimité. On connaît les paradoxes, tragiques, que la coexistence de ces deux types de discours entraîne.

III

Au niveau où nous nous situons la notion de « polémique » ne coïncide pas avec ce qu'on entend habituellement par là (une controverse violente), qui n'est qu'un aspect d'un phénomène plus général, celui des relations explicites entre deux formations discursives. Nous n'entrons pas dans les distinctions typologiques entre satire, pamphlet, diatribe, etc... que la rhétorique a pu être amené à faire. Si on étudie des textes définis ces typologies ont un intérêt, mais guère lorsqu'on opère au niveau des conditions de possibilité sémantiques. C'est évidemment la sémantique des discours qui commande la manière dont les discours polémiquent, au sens étroit.

Mais en articulant ainsi la polémique sur la double interincompréhension qui traverse l'espace discursif, en disant que le discours second se constitue contre le discours premier, que la polémique n'advient pas de l'extérieur, ne risque-t-on pas de «donner au concept de polémique une telle extension qu'il n'ait plus aucune valeur informative», ainsi que cela nous a été reproché[7]? De fait, si c'est un acquis important que de pouvoir penser le caractère interdiscursif d'énoncés qui ne présentent aucune marque visible de relation à un autre énoncé, on ne peut nier que l'interpellation de l'adversaire dans un échange réglé, la polémique, représente un geste capital, qui crée des situations irréversibles, provoque de multiples enchaînements d'énonciations nouvelles. Pour éviter de réduire la spécificité de ce niveau proprement polémique on distinguera un niveau *dialogique*, celui de l'interaction constitutive, et un niveau *polémique*, qui, comme on l'a avancé au paragraphe précédent, prend en charge l'hétérogénéité «montrée», la citation, au sens le plus large.

La citation joue bien un rôle crucial; rompant la continuité du Même par des fragments localisables de l'Autre, elle apparaît comme un leurre nécessaire, qui n'introduit qu'un simulacre par le geste même qui semble introduire la réalité d'un corps étranger. Ce leurre, l'adversaire vient souvent en renforcer lui-même l'efficace; affirmer que la citation est erronée, incomplète, forgée de toutes pièces..., c'est dire implicitement qu'elle pourrait, devrait être exacte, complète et réelle, que le sens peut se maintenir stable quand un fragment passe d'un discours à un autre. Combat désespéré pour la « bonne foi » des citations qui ne doit pas faire oublier que l'on cite de part et d'autre, que le leurre, ce qu'il permet et ce qu'il interdit, est partagé. Qu'on ne puisse reconnaître, aux deux sens du mot, ses énoncés qu'à l'intérieur de son propre discours, voilà qui est inévitable, mais inacceptable.

Il ne faut pas perdre de vue que la citation n'est pas seulement un fragment d'énoncé; elle peut n'être que cela quand il en est fait une exploitation minimale, mais avec l'énoncé viennent les mots, le statut de l'énonciateur et du destinataire, le mode d'énonciation, l'intertextualité..., tout ce qui relève de la sémantique globale. C'est par tout cela également que l'altérité se manifeste : ce qui rompt la continuité du Même, c'est le corps verbal de l'Autre, son mode d'« incorporation »; placé en conflit avec le corps citant qui l'enveloppe, l'élément cité s'expulse de lui-même du seul fait qu'il se soutient d'un univers sémantique incompatible avec celui de l'énonciation qui l'enferme. La traduction de l'Autre, la construction d'un simulacre peuvent donc embrasser tous les plans de la discursivité; seule une conception appauvrie du discours, corrélative de sa réduction à un ensemble d'idées, permet de privilégier de manière exclusive le signifié. *Les Provinciales* en fournissent un exemple célèbre; pour réfuter les casuistes Pascal ne s'est pas contenté de les citer, il a construit la fiction d'un personnage qui leur donne voix. Ce faisant, il n'a pas seulement produit une parodie, il a été au bout de la logique de la citation de l'Autre : ce qui est ainsi rejeté par le texte janséniste, ce n'est donc pas uniquement des contenus, c'est aussi bien toute la discursivité humaniste dévote, toute sa sémantique, radicalement Autre que celle qui l'enveloppe.

La polémique apparaît bien comme une sorte d'homéopathie pervertie; elle introduit l'Autre dans son enceinte pour mieux en conjurer la menace, mais cet Autre ne pénètre qu'annulé comme tel, simulacre. Elle entretient donc un double lien avec le simulacre : en ce qu'elle n'est elle-même qu'un simulacre de guerre, comme l'indique son nom, une guerre de papier; en ce qu'elle ne cesse de traduire l'Autre en son simulacre.

A vrai dire, nous simplifions un peu les choses en parlant de «menaces». A un certain niveau la distinction entre attaque et défense n'est guère pertinente : si le fait structural qui rend raison de la polémique est constitutif il est vain de chercher à savoir qui attaque et qui se défend. La menace est réciproque et généralisée dès lors que s'institue le discours nouveau. Les protagonistes ont beau jurer qu'ils se dispenseraient bien du conflit, qu'ils n'entrent en lice que contraints, en fait ils sont toujours déjà pris dedans.

En outre, si l'incompatibilité est radicale et globale, le conflit peut *a priori* porter sur n'importe quel point; il ne saurait en exister d'indifférent puisqu'en chacune de ses énonciations, quelque infime que puisse apparaître son objet, le discours investit nécessairement tout ce qui le rend possible. Virtuellement les sujets de litige sont donc en nombre infini; dans la réalité «l'énoncé est rare», pour reprendre l'expression de Foucault, et redondant. Eu égard au champ du possible, la liste des sujets effectivement débattus est très limitée, et même pas variée, la polémique tournant et retournant autour de quelques points. Pour l'analyste il est difficile de ne pas voir là des *points clé*, comme on parle de mots clé, des points d'intrication sémantique qui ouvrent un accès privilégié à l'incompatibilité globale des discours. A ce titre les sujets débattus constituent une sémiologie précieuse, chaque symptôme devant être rapporté au système qui le fonde.

La controverse se déploie sur deux terrains à la fois. Chaque discours doit à la fois répondre aux coups qu'on lui porte et porter des coups; mais ceci suppose deux séries de choix:

- Parmi l'ensemble des énoncés qui lui sont adressés le discours répond à ceux qui lui apparaissent les plus menaçants. Cette évaluation du danger se fait évidemment en fonction de son propre système. Ainsi quand *les Provinciales* décident de répondre aux écrits adverses, la première réponse, qui occupe toute la onzième lettre, réfute le reproche fait aux dix premières lettres de «tourner les choses saintes en raillerie». Cela pourrait passer pour un point secondaire mais pour le discours janséniste c'est un point clé puisque toute son énonciation est légitimée par son /Identité/ avec celle de Dieu; dès lors on comprend que Pascal ait répondu en montrant que Dieu lui-même s'est moqué des pécheurs, c'est-à-dire en rétablissant sa légitimité énonciative.

- Parmi la masse souvent considérable des énoncés non polémiques de l'Autre le discours définit quelques points d'attaque. Choix dont il doit également être rendu compte par le système de contraintes. Les menaces virtuelles que le discours perçoit ne sont telles que du point de vue de son propre univers de sens.

IV

Pour le moment nous n'avons envisagé ces «menaces» que dans leur rapport à la sémantique discursive: le discours répondrait ou dénoncerait là où il perçoit un point clé. Mais polémiquer, c'est surtout prendre publiquement en défaut, placer l'adversaire en situation d'infraction par rapport à une Loi qui fait autorité.

Cette infraction peut concerner simplement la «déontologie» de l'énonciation; dans ce cas elle reste extérieure à la sémantique des discours proprement dite. Il s'agit alors de disqualifier l'adversaire en montrant qu'il viole les règles du jeu (en mentant, en produisant des citations inexactes, des informations erronées, en manquant de compétence, d'intelligence, etc...). Par là on tente de dessaisir l'énonciateur de son droit à la parole, indépendamment de tout contenu.

Même si elles alimentent une bonne part des écrits polémiques ces infractions ne sont évidemment ni les plus fréquentes ni les plus importantes. L'essentiel se passe ailleurs, dans les infractions qui touchent au code dogmatique attaché au champ discursif. Polémiquer à l'intérieur d'un certain champ, c'est se présenter implicitement comme acceptant les présupposés qui y sont attachés; l'existence d'un corpus dogmatique officiel n'est que la solidification, l'aboutissement d'un phénomène général. Si on peut montrer la disconvenance entre ces «dogmes» et un énoncé de l'adversaire on marque un point décisif: violer les principes démocratiques, mettre en cause la virginité de la Vierge Marie, se comporter en intellectuel petit-bourgeois, contrevenir aux règles éternelles du Beau..., les dogmes varient, mais non leur nécessité.

Dans la polémique, contrairement à ce qu'on pense spontanément, c'est la convergence qui l'emporte sur la divergence, le désaccord supposant un accord sur «un ensemble idéologique commun»[8], sur les lois du champ discursif partagé. La polémique se soutient de la conviction qu'il existe un code trancendant aux discours antagonistes, reconnu par eux, qui permettrait de trancher entre le juste et l'injuste. Est ainsi postulée la figure de l'arbitre, du neutre, de l'instance qui n'est ni l'un ni l'autre, autant dire de l'utopie d'une position partie prenante d'un conflit et extérieure à lui. Que ce soit le Pape, le Parti, les savants, le bon sens... il doit exister quelque part quelque tribunal habilité à trancher. Fiction qui soutient la polémique sans pouvoir y mettre un terme.

Pour leur part, les discours dévots invoqueront chacun l'autorité de l'Ecriture, de la Tradition sans se rendre compte qu'elles ne sont elles-mêmes citables que dans le cercle du Même, soumises qu'elles sont aux contraintes de la formation discursive. La méthode la plus simple pour ne pas se trouver en contradiction avec le corpus canonique, c'est d'effectuer un tri, de convoquer les fragments qui vont dans son propre sens et de laisser dans l'ombre ceux qui vont dans le sens de son Autre. On verra ainsi les humanistes dévots exploiter abondamment le «Bienheureux les doux» du Sermon sur la montagne, ou, dans un autre domaine les Althusseriens ignorer les textes du jeune Marx et se recommander du *Capital*. Certes, on peut justifier son filtrage (l'humaniste dévot dira par exemple que les pratiques austères des premiers chrétiens étaient le fait d'une «jeune» Eglise mais que dans l'«âge mûr» c'est la douceur qui est pertinente; l'Althusserien dira que le «vrai Marx», c'est le fondateur d'une science nouvelle, pas le philosophe hegelianisant), mais ces justifications sont évidemment régies par les mêmes contraintes que celles qui président au filtrage des citations (si l'on ne conçoit pas l'histoire de l'Eglise comme un «Ordre» naturel l'argument humaniste dévot n'a aucun poids).

Le filtrage va souvent de pair avec un autre procédé, celui du *commentaire*, qui permet à un discours de rendre compatibles avec son système des fragments du corpus canonique qui semblent aller dans un sens opposé. Saint François de Sales, par exemple, rencontre dans le récit de la Pentecôte la mention d'un «vent violent», qui figure l'irruption de l'Esprit-Saint. Or la violence relève du registre négatif de l'humanisme dévot, des sèmes /Excès/ et /Dérèglement/ en particulier; bien des textes de ce discours récusent d'ailleurs les vents violents au profit des brises douces[9] et saint François de Sales également, qui souligne dans une lettre que Dieu «n'est ni au vent fort ni en l'agitation, mais en cette douce et tranquille portée d'un vent presque imperceptible»[10]. Pour ne pas s'opposer au texte de la Pentecôte il ne lui reste plus qu'à le commenter de manière à le faire passer dans le registre sémantique positif :

> L'esprit divin est voirement violent, mais *d'une violence douce, suave et paisible*. Il vient comme un vent impétueux et comme un foudre céleste, mais il ne renverse point les Apôtres[11].

Le commentaire vient donc annuler ce qui dans le texte peut sembler relever des catégories de l'Autre.

Dans ces conditions, si tout discours prétend justement détenir l'interprétation valide des textes qui font autorité, aucun ne peut être réellement pris en flagrant délit de les enfeindre. Le conflit renvoie à ces interprétations contradictoires, c'est-à-dire à l'incompatibilité de deux univers sémantiques, dont aucun ne reconnaît la manière qu'a l'Autre d'être conforme à la Loi. La polémique suppose

une Mémoire chérie par une Institution comme trésor de ses légendes. Légendes des morts qui incarnent fantasmatiquement les causes justes, la communauté et le sens commun des vivants. Le contrat entre ces derniers se fonde sur la légende d'une guerre (d'une polémique) qui a eu lieu *ailleurs...*, dans un espace qui n'est qu'un champ symbolique *saturé* par des signifiants qui couvrent massivement les positions de la syntaxe en question[12].

Mais sur le fond d'une Légende commune chaque discours construit sa propre Légende, à la mesure de ses besoins. Chacun dit et croit respecter le Trésor commun, mais bat monnaie comme il l'entend.

La polémique ne pourra donc qu'être stérile, se résolvant en l'affrontement de deux univers incompatibles. Le discours, avant toute polémique avérée, s'est souvent construit en répondant par avance aux objections qui lui semblaient les plus prévisibles, mais le secret de son invulnérabilité n'est pas là; il réside simplement dans le fait que sa compétence lui fournit les moyens de produire *ad libitum* des énoncés qui à la fois soient conformes au dogme et relèvent de sa propre formation discursive.

Autant dire que le discours ne peut convaincre, puisqu'on ne peut montrer une extériorité entre le code de référence et les interprétations des discours qui se fondent sur lui. Le public n'est pas convaincu par les arguments avancés, mais par l'énonciation même de ces arguments par tel discours, c'est-à-dire par l'univers de sens auquel renvoie ce dernier. En toute logique le discours convainc parce qu'on y retrouve ce qui vous traversait déjà, plus ou moins obscurément. Réminiscence platonicienne qui permet de dire «c'est bien ça», le *bien* marquant la coïncidence avec une vérité déjà là dont le texte ne serait que l'explicitation ou la répétition. L'évidence qui emporte l'adhésion vient d'ailleurs, et c'est là la condition même de possibilité du concept de discours: qu'il y ait des moments et des lieux pour lesquels une configuration de sens puisse être reconnue par un ensemble de sujets comme le Tout de la vérité.

La polémique a beau n'être que le révélateur d'une interincompréhension radicale, les discours ont beau ne convaincre que ceux qui sont déjà convaincus (encore fallait-il un discours pour que cette vérité advienne), elle ne représente pas pour autant un jeu gratuit, quelque parade superflue. Ce n'est pas sans raison que les espaces les plus totalitaires, qui n'ont rien à redouter en principe d'un contradicteur, polémiquent continuellement, ne cessent de se livrer au rituel d'admission-expulsion du simulacre de l'Autre.

On pourrait dire que la polémique est nécessaire parce que sans ce rapport à l'Autre, sans ce manque qui rend possible sa propre complétude, l'identité du discours risquerait de se défaire. C'est indéniable, mais à cela s'ajoute une autre raison, à savoir la nécessité de masquer l'invulnérabilité du discours. Par définition le discours a réponse à tout et ne peut être pris en défaut. Il est ainsi apte à représenter une figure du Tout. Cependant, il ne peut être reconnu et cru que s'il peut offrir la preuve du contraire, montrer qu'il n'est pas invulnérable. Le discours n'a raison que dans la mesure où l'on croit qu'il peut être menacé, c'est-à-dire que c'est bien l'Autre qu'il détruit et non son simulacre. Chaque réfutation réussie est une victoire du vrai sur le faux et ce combat rituel légitime et conforte la croyance. Il est nécessaire de penser que le discours est vainqueur parce qu'il dit le Réel ou le Bien, et non qu'il entre dans sa nature d'être toujours vainqueur, de ne pas avoir d'extérieur. Nécessité qui n'est en rien un secret inavouable gardé par quelques mystificateurs intéressés, mais la condition même de la discursivité.

L'historien, lui, voit bien que les controverses ne décident guère de la victoire ou de la défaite. Un discours n'est pas abandonné parce qu'un texte lui a porté un coup fatal mais parce que quelque chose a bougé dans tout ce qui le soutenait silencieusement et que la croyance s'est transportée en d'autres lieux. On se plaît pourtant aux récits guerriers, on aime croire que l'irruption d'un texte fera basculer une bataille ; lorsqu'on écrit :

une situation polémique est une situation essentiellement dramatique, au sens où elle est un épisode, un nœud, quelque chose dont l'issue n'est pas donnée d'avance [13]

on adopte un point de vue d'usager, pas d'analyste qui envisage le conflit dans son ensemble. Pour rendre compte des échanges polémiques on met en place un duel, une symétrie, mais il ne faut pas oublier que l'opposition, le face à face sont toujours inégaux, chacun des protagonistes étant emporté sourdement par une tendance à la hausse ou à la baisse au moment même où s'institue le conflit. C'est parce que la casuistique était sur la pente descendante qu'on a pu croire que *les Provinciales* l'avaient mise à mort ; à vrai dire le refus de la casuistique était certainement plus déraisonnable que les abus qu'elle autorisait, mais il était venu une conjoncture dans laquelle cette pratique n'était plus acceptable. «Injustice» qui permet ensuite les réhabilitations postérieures, dans de nouveaux espaces discursifs, quand la roue aura tourné.

La «vie» d'un discours, la génération d'énoncés inédits relevant de son système de contraintes, c'est donc le fait d'être tenu pour le Tout de la vérité d'un champ par une communauté de croyants. Pour ces adeptes il va de soi que sa force de persuasion provient de sa conformité à la nature des choses ; pourtant, qu'un déplacement se produise dans ses ancrages sur d'autres réseaux de la société et les livres resteront en stock, les énonciateurs s'effaceront les uns après les autres, ouvrant la porte à toutes les nostalgies. Ainsi, ce discours pensé par ses zélateurs comme pure intériorité ne vivait que de son extérieur, avec lequel il se nouait obscurément.

C'est dire que ce Tiers neutre dont le débat suppose l'existence pour se l'approprier, ce Tiers censé réduire l'Autre au silence en énonçant le Juste, où coïncident le Vrai et le Légitime, n'est finalement que l'Histoire, celle-là même qui a suscité la polémique. Pour les conflits fugaces, ténus, la décision d'un directeur de journal d'arrêter une controverse peut suffire; pour les polémiques d'envergure, celles qui assignent son sens à une époque, rien de tel: chacun est pourvu d'autant de circuits de diffusion qu'il est nécessaire et les conservera aussi longtemps que le débat est en prise sur un réel. Si l'Histoire n'intervenait pas, insidieusement ou violemment, on n'aurait qu'un jeu de miroirs où chacun lirait dans l'Autre son image retournée sur un champ de bataille indéfiniment symétrique. On comprend que les frères ennemis, Eteocle et Polynice, en l'absence d'un tiers, ne puissent que mourir en même temps et l'un par l'autre.

V

En nous contentant de considérer le discours comme une unité achronique, l'association d'une compétence et d'un intertexte, nous avons indûment négligé le rôle déterminant que joue l'interaction polémique dans la production de la surface discursive. A cet égard la polémique est loin de jouer un rôle secondaire. Ce n'est que pour l'historien qu'un discours se clôt en un ensemble fini d'énoncés, qu'il peut appréhender comme une aire d'unités répertoriables dont la distribution dessine un territoire cohérent. Les énonciateurs discursifs, eux, vivent dans une sorte d'urgence permanente, étant pris dans des conjonctures pressantes qu'ils ne peuvent dominer de l'extérieur. A aucun moment le discours n'est assuré de la mesure historique qui lui est impartie et ne peut déterminer un seuil à partir duquel il considèrerait qu'il en a dit assez, qu'il a dit tout ce qu'il avait à dire. Bien au contraire, les énonciateurs occupent leurs positions aussi longtemps que possible.

Ce qui se constitue au début de l'existence d'un discours, c'est une compétence qui se trouve investie dans un ensemble très limité de textes, voire un seul, c'est-à-dire dans une couverture thématique très réduite. C'est à travers le tissu imprévisible que vont susciter progressivement les controverses, directes ou indirectes, que cette couverture va devenir une surface importante. Certes, au niveau du système de contraintes l'aire d'incompatibilité entre les discours est instituée dans ses grands trait dès le début, mais seules les interactions effectives assigneront leur tracé thématiques aux événements énonciatifs. Les énoncés ainsi produits ne sont donc pas tant l'expression de la volonté de développer une doctrine «complète» qu'un ensemble apparemment décousu de réponses à des failles dont l'émergence est imprévisible et qui tissent peu à peu une *mémoire* propre au discours.

On n'ira donc pas jusqu'à dire que la polémique, loin de seulement manifester la structure de l'espace discursif, «contribue à le créer»[14], c'est-à-dire que le «dialogique», au sens défini *supra*, résulte en partie du «polémique». En fait, ces deux niveaux ne peuvent qu'émerger ensemble. De la même manière qu'on ne peut pas réellement sortir de la polémique sans l'intervention d'un tiers, on ne peut y entrer: le discours a toujours été déjà saisi par elle dès lors qu'il a défini son espace d'énonciation.

Le discours se trouve ainsi pris entre deux mémoires convergentes:
- une mémoire «interne» qui va s'enrichissant et accroissant son autorité au fur et à mesure que le temps passe, que les textes s'accumulent, les hommes disparaissent, devenant héros, ou éventuellement martyrs, de la cause;

— une mémoire de filiation « externe » qui le légitime en l'inscrivant dans la lignée des ancêtres, et en posant une lignée correspondante d'adversaires (celle avec laquelle sont appelés à s'identifier les figures de l'Autre).

Le discours est demandeur de Tradition et créateur de sa propre Tradition, l'essentiel étant de pouvoir dire comme il a déjà été dit, d'inscrire son énonciation dans les traces d'une énonciation antérieure. Double mémoire qui est polémique, légende de combats victorieux ou de défaites signifiantes : les « Lumières » triomphant du fanatisme et de la tyrannie, Giordano Bruno victime de ces mêmes ennemis...

Une fois de plus on se trouve pris dans une sorte de nœud : d'une part l'univers sémantique du discours est présent dans sa totalité dès les premiers textes qui en relèvent, et en ce sens on pourrait dire que les énoncés postérieurs que vont susciter les controverses sont accessoires : mais d'autre part il faut maintenir le caractère irréductible des énoncés effectivement tenus, eux seuls délimitant l'existence historique du discours. Que parmi tout le dicible d'une formation discursive cela et non autre chose ait été dit demeure une donnée incontournable.

Le discours n'échappe pas plus à la polémique qu'il n'échappe à l'interdiscursivité pour se constituer. Par toute son existence il enjoint d'oublier qu'il ne naît pas d'un retour aux choses mais de la transformation d'autres discours ou que la polémique est aussi stérile qu'inévitable, que l'intercompréhension est insulaire, à la mesure de l'incompréhension qu'elle suppose.

Car l'incompréhension a un versant positif : interdisant de s'entendre d'un pôle à l'autre de l'espace discursif, elle permet qu'on s'entende dans l'enceinte d'un même discours, qu'on y parle de la même chose de la même manière. Pris dans cette multiplicité énonciative on n'est pas seul et le moindre énoncé produit renvoie au code partagé qui le rend possible. Tous ces énoncés ne sont pas là seulement dans l'attente du déchiffrement des historiens, ils ont été partagés ou rejetés et cette transparence ou cette opacité ont délimité des communautés de croyance à l'intérieur desquelles il était possible de dire *nous*.

Fraternité sémantique qui est le pendant d'une seconde, celle qui lie le discours à son Autre. La psychanalyse le dit dans son langage:

On ne polémique jamais que contre soi... pour faire taire l'Autre dans le destinateur lui-même, du moins croire le faire taire... La polémique n'est qu'un moyen parmi d'autres de se débarrasser imaginairement de l'altérité qui marque le sujet de la parole[15].

Dans notre cadre le Même ne polémique qu'avec ce à quoi il s'est arraché pour se constituer et dont il réitère explicitement ou non l'exclusion par chacune de ses énonciations. L'Autre représente ce double dont l'existence affecte radicalement le narcissisme du discours en même temps qu'il lui permet d'accéder à l'existence.

NOTES

[1] *Systèmes de représentations linguistiques et métalinguistiques* (Collection E.R.A. 642, Université de Paris VII, 1981, p. 25).
[2] Cité par P. Jacob, *l'Empirisme logique*, ed. de Minuit, Paris, 198, p. 244.
[3] Au sens d'ordres religieux.
[4] Entretiens spirituels, IX, in *Œuvres*, ed. Gallimard, la Pléiade, p. 1050.

[5] On retrouve exactement la même problématique à propos du mode d'énonciation. Cressolles dans les *Vacationes autumnales* donne la préférence au discours «doux» mais reconnaît la légitimité du discours «dur» (*op. cit.* Livre III, 20).
[6] Cité par C. Kerbrat-Orrechioni in *Le discours polémique*, Presses universitaires de Lyon, 1980, p. 37.
[7] Par Michel Le Guern in *Le discours polémique*, p. 56.
[8] J. Dubois et J. Sumpf, «Linguistique et révolution» in *Communications* n° 12, 1968, p. 151.
[9] Etienne Binet, par exemple, vante la douceur en dénonçant les méfaits de la bise violente (*Meilleur gouvernement...*, Paris, 1636, p. 31).
[10] Lettre du 16 janvier 1603; *Œuvres*, ed. d'Annecy, tome 12, p. 166.
[11] *Traité de l'amour de Dieu*, 1616, Livre VIII, chapitre 12, Pléiade, Gallimard, p. 749.
[12] Per Aage Brandt, in *Le discours polémique*, p. 124-125.
[13] Judith Schlanger, *l'Enjeu et le débat*, Paris, 1979, p. 11.
[14] Michel Le Guern, in *Le discours polémique*, p. 58.
[15] Michel Cusin, in *Le discours polémique*, p. 114 et p.117.

Chapitre 5
Du discours à la pratique discursive

I

Dans les chapitres précédents nous avons implicitement considéré que les discours se déployaient sur un espace institutionnel neutre et stable; en l'occurrence l'Eglise dans le cas des discours dévots. Un espace « neutre » qui, comme une sorte de médiateur transparent, n'interviendrait pas dans la discursivité; un espace « stable » qui serait invariant d'un discours à l'autre.

En fait, et c'est là un point crucial, *le passage d'un discours à l'autre s'accompagne d'un changement dans la structure et le fonctionnement des groupes qui gèrent ces discours.* Ce n'est pas le même type d'organisations qui se dessinent de part et d'autre, ce n'est pas non plus le même type de protagonistes. Nous ferons l'hypothèse que cette divergence peut elle aussi être analysée à travers le système de contraintes, et donc qu'elle est connexe de l'espace discursif.

C'est d'ailleurs une idée qui a tendance à prévaloir de plus en plus que cette intrication d'un discours et d'une institution. Nous n'en voulons pour preuve que l'ouvrage de Regis Debray, *Critique de la raison politique*[1] qui énonce à propos des idéologies une proposition qui va dans ce sens :

> L'idéologie mène de front un travail de représentation du monde et d'organisation des hommes qui sont l'envers et l'endroit d'une même activité (...) De même qu'une doctrine révolutionnaire s'édifie elle-même en édifiant le réseau de ses supports pratiques, la formation d'une doctrine religieuse ne fait qu'un avec la formation de la communauté hiérarchique des fidèles. Le procès de constitution du groupe n'est pas extérieur à celui de la pensée, c'en est le corps, exotérique mais non pas extrinsèque. Il n'y a pas un ensemble plus ou moins systématisé de représentations auquel s'accrocherait, par la suite et du dehors, une structure plus ou moins complexe d'organisations, les deux séries se font et se défont ensemble selon une seule et même logique[2].

C'est dans un domaine tout différent, celui de la réflexion sur l'activité scientifique, que s'est surtout marqué jusqu'à présent cet intérêt pour les institutions qui rendent un discours possible[3]. Tout un courant s'est efforcé de montrer que «le rapport de l'homme à la nature est avant tout un rapport social», pour reprendre la formule de J.-M. Levy-Leblond[4], et qu'il fallait donc prêter une grande attention au fonctionnement des communautés scientifiques. Avec sa théorie du «champ scientifique»[5] Pierre Bourdieu a également suivi cette voie, mettant radicalement en cause le caractère censé «désintéressé» de la recherche scientifique à travers une étude de ses institutions :

> L'univers «pur» de la science la plus «pure» est un champ social comme un autre, avec ses rapports de forces et ses monopoles, ses luttes et ses stratégies, ses intérêts et ses profits, mais où tous ces invariants revêtent des formes spécifiques[6].

A vrai dire ces multiples approches «sociologiques» restent assez hétérogènes. Alors que certaines se contentent d'une sociologie « externe » qui n'articule guère le discours sur les fonctionnements institutionnels, d'autres tentent de penser d'emblée l'intrication des deux. Ce dernier cas est par exemple celui de Michel de Certeau, à propos d'une discipline particulièrement « perméable », il est vrai, l'histoire. Il part ainsi du principe que « chaque 'discipline' garde son ambivalence d'être la loi d'un groupe et la loi d'une recherche scientifique »[7] et définit dès lors « une institution du savoir »:

> Il est impossible d'analyser le discours historique indépendamment de l'institution en fonction de laquelle il est organisé en silence; ou de songer à un renouveau de la discipline qui serait assuré par la seule modification de ses concepts[8].

Cherchant à articuler discours et institutions à travers un système de contraintes sémantiques commun, notre démarche suppose évidemment le rejet d'une conception sociologique « externe ». C'est la possibilité même de cette articulation qui nous intéresse et non l'institution en elle-même. S'il s'avère que le changement de domination discursive dans un champ s'accompagne bien d'un changement corrélatif d'espaces institutionnels et que ce changement est pensable en termes de sémantique globale, cela signifie qu'à ce niveau aussi il n'y a pas transformation graduelle des énonciateurs d'un discours en énonciateurs d'un autre discours par une série de microévolutions, mais remplacement de l'ensemble d'une population d'énonciateurs, d'un réseau de production-diffusion, etc... d'un certain type par d'autres.

Sur ce point on pourrait ouvrir une comparaison avec les théories de l'évolution biologique, non pour réduire un champ à l'autre, mais pour confronter des modèles qui, de toute manière, par de multiples chemins idéologiques, ont toujours entretenu des relations plus ou moins souterraines. On sait que le schéma darwinien classique est foncièrement «gradualiste»: une série de microévolutions sur lesquelles opèrerait la sélection naturelle induiraient une modification progressive des espèces. Depuis le début des années 70 un certain nombre de travaux ont mis en cause ce schéma[9], préférant poser qu'une espèce reste stable et se trouve brusquement supplantée par une autre dont les caractères sont nettement distincts. Cette nouvelle espèce se serait développée ailleurs et remplacerait la première à la suite d'une immigration. C'est donc entre les espèces et non entre les individus qu'opèrerait la sélection. Un tel modèle de substitution globale s'harmonise assez bien avec la position que nous sommes amené à adopter ici.

II

On a vu au chapitre III comment les énonciateurs définissaient leur «statut» et leur «mode d'énonciation» en s'inscrivant, et avec eux leurs destinataires, dans une certaine position sociale. Sur ce point nous nous trouvons à la jointure du discours et des institutions qui produisent et font circuler ses énoncés. Or on peut montrer, dans le cas de l'humanisme dévot par exemple, que ces institutions semblent soumises au même processus de structuration que le discours proprement dit.

On peut en effet les décrire comme une /Abondance/ d'«Ordres» très /Divers/, destinés à intégrer la /Majorité/ des fidèles en récusant toute /Rupture/ entre société laïque et société religieuse. Il y a là toute une dynamique organisationnelle qui constitue une des caractéristiques les plus notoires de la Contre-Réforme catholique. C'est l'époque où apparaissent, se développent, se transforment de multiples sociétés religieuses: des ordres réguliers, bien sûr, mais aussi des communautés de prêtres séculiers (cf. l'Oratoire introduit en France en 1611, les Lazaristes, etc...), des collectivités d'enseignement (séminaires, collèges), des congrégations et confréries («du Saint-Sacrement», «de l'Assomption», «de l'Immaculée-Conception», etc...) destinées aux laïcs pieux et charitables, qui se regroupent en fonction de leur âge, de leur profession, de leur classe sociale; sans oublier les innombrables et éphémères conférences spirituelles.

Dans notre perspective il est donc sémantiquement tout à fait significatif que tous les auteurs humanistes dévots aient été membres d'ordres réguliers (des Jésuites surtout, mais aussi quelques Franciscains[10]). C'est la Compagnie de Jésus qui joua sans conteste le rôle crucial dans la production et la diffusion de ce discours, dont les années de prospérité coïncident d'ailleurs avec l'«âge d'or» des Jésuites[11]. Or cette Compagnie entretient des liens privilégiés avec le principe d'«Ordre»:

- Elle constitue un «Ordre» considérable, répandu partout, /Abondant/, /Hiérarchisé/, et qui se donne pour /Homologue/ d'un «Ordre» laïc exemplaire dans ce discours, l'armée[12].

- En dépit de ses ambitions originelles, à l'époque qui nous intéresse cette organisation en vient à se polariser progressivement sur la gestion de ces «Ordres» si importants, les collèges d'enseignement. (En 1610 il en existe déjà 38 en France et 50 % des Jésuites sont des enseignants). Ces collèges en associant significativement la clôture religieuse et l'ouverture sur la culture gréco-latine instituent un cursus qui intègre l'univers de la nature à l'«Ordre» divin, comme une étape positive vers le christiannisme (cf. le mode d'«intertextualité» humaniste dévote définie au chapitre 3).

- Les collèges, à partir de 1563, donneront naissance à de multiples «Ordres» de dévotion, les «congrégations de la Sainte-Vierge », qui regroupent de nombreux élèves. Ce faisant, les collèges ne font que participer à leur niveau à tout un mouvement d'établissement de congrégations destinées à aider chacun à vivre pieusement en son « état », sa condition sociale. Ignace de Loyola avait lui-même fondé à Rome une confrérie de laïcs voués à la bienfaisance, la « Compagnie du Saint-Sacrement de l'église des douze apôtres ».

– L'« Ordre » des Jésuites a ceci de remarquable qu'il a pour projet essentiel ce qui représente précisément le noyau de la sémantique du discours humaniste dévot : harmoniser dans un même « Ordre » de sociabilité structures ecclésiales et structures mondaines, Dieu et les hommes, conjurer le spectre d'une /Rupture/ entre ces deux instances. Les Jésuites ne sont en effet ni des réguliers coupés du monde, astreints à des pratiques conventuelles, ni des séculiers soumis à l'évêque, et se trouvent donc placés dans une position de mise en communication généralisée. Idéal bien résumé par saint François de Sales :

> Ils s'unissent à Dieu, mais c'est en lui réunissant le prochain tant par études que prédications, confessions, conférences et autres telles actions de piété; et pour mieux faire cette union avec le prochain, ils conversent avec le monde, et n'ont point pris d'habit qui soit trop différent ni sévère [13].

Mais l'organisation proprement dite n'est pas tout; *mutatis mutandis* l'identification d'un fonctionnement institutionnel avec son organigramme constitue une réduction aussi inadéquate que celle d'un discours à un ensemble d'idées. On l'a vu, le discours humaniste dévot se définit aussi par son « mode d'énonciation »; celui-ci règle non seulement la pratique de la communication textuelle dévote, mais encore, au-delà, *les relations humaines à l'intérieur de ces « Ordres » religieux* que nous venons d'évoquer. A ce sujet les sèmes /Plasticité/, /Modération/, /Rythme/, /Flexion/, en particulier, trouvent à intervenir; c'est ainsi que dans les collèges de Jésuites la vertu essentielle qui est exigée des maîtres, c'est la souplesse d'esprit, une douceur, une bonne humeur constantes[14]. A l'instar de ce qui a trait à la *position* institutionnelle, on a là affaire à une instance d'embrayage entre la discursivité et son inscription institutionnelle : le ton, l'incorporation des énonciateurs et des protagonistes, leur tempérament ne sont pas seulement des réalités textuelles, ils fonctionnent aussi bien comme modèle d'interaction à l'intérieur des communautés.

Quand Etienne Binet, provincial des Jésuites et auteur humaniste dévot éminent, écrit sur l'art d'exercer l'autorité dans les groupements ecclésiaux, au sens le plus large, un ouvrage au titre significatif, *Quel est le meilleur gouvernement, le rigoureux ou le doux*[15], son propos peut se lire sur trois registres à la fois :

- Il énonce conformément au « mode d'énonciation » de sa formation discursive ;
- Il délivre un contenu qui entre dans la doctrine humaniste dévote, sur la façon de gérer les relations à l'intérieur des groupes ;
- Il renvoie obliquement aux règles qui sont censées gouverner les institutions sur lesquelles se développe ce discours.

Mais cette explicitation, cette réflexion sur la sociabilité n'ont rien de nécessaire : *toute énonciation de ce discours suppose un tel réseau institutionnel.*

Arrivés en ce point, il faut faire intervenir à nouveau les collèges d'enseignement. Car l'idéal énonciatif ainsi exprimé, celui d'un discours « doux », n'est qu'une manifestation de la rhétorique qui y est apprise. Ici viennent converger le contenu d'une pédagogie et le fonctionnement institutionnel dans lequel elle est partie prenante. Nous avons déjà fait allusion au livre du Jésuite Louis de Cressolles, *Vacationes autumnales*, qui avec sa théorie du discours doux nous avait semblé traduire assez bien la sémantique du mode d'énonciation humaniste dévote; on ne sera pas surpris d'apprendre que ce livre se présente comme une série de *conversations* entre quatre élèves d'un *collège* de Jésuites.

Dans cet ordre d'idées, il est un ouvrage encore plus significatif de l'intrication radicale d'un dit, d'un dire et d'une institution, c'est *la Peinture spirituelle*[16]... de Louis Richeome, provincial de la Compagnie de Jésus. Ce livre de dévotion coïncide en effet avec une description des tableaux du noviciat de Jésuites de Saint-André du Quirinal à Rome, posé comme modèle de «toutes compagnies chrétiennes», c'est-à-dire des multiples «Ordres» de l'Eglise[17]. Chapelle, réfectoire, chambres, couloirs, infirmerie, jardin défilent sous les yeux du lecteur: l'«Ordre» textuel construit par le livre s'identifie donc au parcours d'une institution, une de celles qui sont la condition de possibilité de ce discours. Or l'institution décrite apparaît comme un microcosme de l'Univers entier, tel que le construit la formation discursive: des merveilles de la nature, plantes et animaux, aux dogmes, en passant par le corps humain, l'intelligence... Ainsi le monde, l'institution, le texte fusionnent-ils dans une même énonciation.

Toute cette logique institutionnelle se donne à lire, moins directement mais avec une netteté sémantique remarquable, dans les nombreuses schématisations du Paradis qu'offre ce discours. L'Au-delà se définit comme le lieu où se donne à voir cette logique, «l'Eglise triomphante», libérée des ambiguïtés et des résistances intramondaines.

On y retrouve dans toute leur rigueur les exigences du système de contraintes sémantiques: le Ciel est un «Ordre » politique parfait (cité, royaume, palais...) constitué lui-même d'une /Abondance/[18] d'« Ordres » (troupes, compagnies...) /Divers/ et /Hiérarchisés/ répartis sur de multiples réseaux. A tous les niveaux et entre tous les éléments, du plus infime jusqu'à Dieu, s'instaure une communication constante et euphorique, sous forme de célestes conversations.

Ainsi se trouve porté à sa quintessence ce qui constitue ici-bas l'idéal d'une certaine dynamique ecclésiastique considérée sous sa double modalité, discursive et institutionnelle. On se doute que le Paradis janséniste n'est pas bâti sur la même logique, mais nous ne développerons pas ce point; on notera seulement que, conformément à ce que laisse prévoir le système de contraintes, le mouvement janséniste a eu tendance à lutter pour une « Concentration » sur les structures traditionnelles de l'Eglise, un repli, contre l'« Expansion » des ordres réguliers, et à focaliser toute l'Eglise sur un *point central*, la figure du prêtre, /Identique/ au Christ, lui-même point central de toute la formation discursive (cf. *infra*, p...).

Ce lien sémantique essentiel entre un fonctionnement institutionnel et un discours, nous pensons pouvoir le déceler également sur un corpus très différent, celui que forment les ouvrages scolaires de la IIIe République[19]. Les recherches que nous avons menées à ce sujet nous ont en effet amené à la conclusion qu'il existait une relation cruciale entre le contenu de ces ouvrages et l'institution scolaire dans laquelle ils étaient produits et consommés: ce discours ne parlait du monde qu'en renvoyant au monde scolaire dans lequel il était pris.

Le contenu de l'enseignement historique, par exemple, y était structuré en profondeur par ce renvoi. Ainsi la victoire des Romains sur les Gaulois à l'entrée dans l'histoire de France reproduisait la hiérarchie entre écolier et instituteur et se traduisait logiquement par la construction d'écoles gallo-romaines[20]. De la même manière, à l'autre bout de l'histoire l'entreprise coloniale de la IIIe République était censée coïncider avec l'instauration d'une relation scolaire entre colonisateur et colonisé, aboutissant au même résultat, la construction d'écoles[21].

Cette intrication des deux instances concernait tout aussi bien l'organisation concrète de la vie scolaire : l'architecture des écoles, la nature et la disposition du mobilier dans la classe, les exercices effectués, les horaires, la langue utilisée, la manière dont entraient en relation les protagonistes de cet espace..., tout cela obéissait aux mêmes schèmes sémantiques que les contenus transmis par les diverses disciplines. La polysémie d'un terme comme *enseignement* prend ici sa pleine justification, référant à la fois à un savoir et à un ensemble de pratiques, d'institutions. On comprend que ce discours n'ait pu légitimer pleinement la IIIe République qu'en la définissant comme fondatrice de l'Ecole et que dire le «Progrès» ait consisté à exhiber l'image triomphante de «l'école aujourd'hui», opposée à «l'école d'autrefois», lourde de toute négativité[22]. Comme dans la *Peinture spirituelle* de Louis Richeome il s'agit par là de produire dans la surface discursive la figure de l'institution qui la rend possible.

En termes d'efficacité idéologique un tel dispositif apparaît exemplaire. Tout ce qui enveloppe concrètement l'écolier (les lieux, les objets, les relations humaines, les pratiques...) constitue l'évidence première qui transmue en évidence le contenu et l'énonciation du discours scolaire. Ce dernier ne parle de la nature, de l'histoire, du Bien et du Mal..., ne structure les significations qu'à l'intérieur du procès qui organise le fonctionnement de l'institution elle-même.

Ces réflexions sur le rapport entre sémantique du discours et institution nous conduit donc à prendre nos distances à l'égard de l'idée selon laquelle celle-ci serait un simple «support» pour des énonciations qui lui seraient foncièrement extérieures. Au contraire, il semble bien que ces énonciations soient prises dans la même dynamique sémantique que l'institution. On ne pourrait donc faire jouer ici un schéma de type «infrastructurel», l'institution étant la cause et le discours son reflet illusoire. L'organisation des hommes apparaît comme un discours en acte, tandis que le discours se développe sur les catégories mêmes qui structurent cette organisation.

III

On peut même pousser plus avant les implications d'une telle problématique en reprenant le fil interrompu à la fin du chapitre consacré à la «sémantique globale» pour montrer qu'au fond cette interruption était artificielle, que sans aborder l'analyse des institutions proprement dite on peut étendre le champ de l'énonciation discursive.

Considérons pour commencer l'intertextualité, évoquée déjà sous sa double modalité, «interne» et «externe». Elle dessine implicitement les règles d'un *mode de coexistence* des textes dans un discours donné, le schéma d'une sorte de «bibliothèque» intérieure, que l'on peut immédiatement retourner en une bibliothèque effective. L'intertexte d'un discours dit obliquement avec quels autres ouvrages ceux qui relèvent de ce discours sont légitimement associables sur les rayonnages des zélateurs, des institutions qui s'en réclament.

Cette question nous renvoie aux critères de constitution d'une masse documentaire pertinente pour une position énonciative déterminée : tissant son réseau intertextuel, le discours construit d'un même mouvement le graphe de son espace documentaire. C'est ainsi que la bibliothèque humaniste dévote contiendra des ouvrages des meilleurs auteurs de l'Antiquité gréco-latine, des traités de cosmologie, de rhétorique ou d'histoire naturelle... à côté des textes de la Tradition et de l'Ecriture. L'ensemble d'une telle bibliothèque produit l'image d'un « Ordre » du monde, celui-là même qui est censé régir l'Univers comme le discours. A la jointure de l'intertexte et des bibliothèques légitimes on trouve la figure des livres-bibliothèques canoniques, par exemple pour l'humanisme dévot la *Bibliotheca selecta* du Père Possevin[23] qui définit un canon en procédant à une mise en ordre critique. A l'abondance et à la diversité de cet ensemble documentaire s'opposera rigoureusement la bibliothèque janséniste, qui cherche à coïncider le plus exactement possible avec le corpus de l'Eglise, posé comme un univers textuel restreint, clos, stable et homogène, dont la dispersion spatio-temporelle est conjurée par sa résorption dans la ponctualité d'un unique auteur, l'Esprit-Saint. L'inventaire de la bibliothèque d'un pieux laïc janséniste, Philippe de Champaigne, est révélatrice à cet égard :

> une culture essentiellement chrétienne, et chrétienne à ce point qu'elle semble s'accompagner d'une certaine méfiance à l'égard des auteurs et des fables hors du christianisme... Il n'avait pas fait place dans sa bibliothèque à ces poètes, à ces orateurs, ces historiens antiques, si appréciés de ses contemporains. Plutarque et Sénèque y avaient été acceptés.
>
> Mais parmi les auteurs chrétiens, une absence également peut à bon droit nous étonner : aucun écrivain du Moyen-Age chez lui, ni représentant de la Scholastique... Les saints médiévaux lui paraissent, bien plus, étrangers, à l'exception de saint Bernard, le père spirituel des cisterciennes de Port-Royal. Par-delà tous ces siècles, il en appelle au temps de la primitive Eglise : les Pères sont à l'honneur dans sa bibliothèque, et, plus encore, les Ecritures[24].

Cela, le système de contraintes sémantiques permet de le prévoir. Chaque texte relevant d'un discours réaffirme les contours de l'espace du citable qu'actualise la bibliothèque, thesaurus des énoncés valides.

Ainsi, le passage d'un discours à un autre va au-delà d'un simple changement de contenu, il suppose une structuration différente de l'univers du lisible. Quand Victor Hugo accumule les ouvrages de compilation historique et Zola les monographies techniques, ils font plus que se doter d'« instruments » de travail, ils définissent des statuts énonciatifs spécifiques, indissociables du contenu et de l'énonciation de leurs textes.

Mais la bibliothèque fonctionne aussi comme facteur de *qualification* des énonciateurs relevant de la formation discursive concernée. Elle délimite ce qu'il est requis de posséder pour énoncer légitimement. Nous avons déjà fait allusion à ce problème au chapitre 3 quand nous avons considéré la position de l'énonciateur par rapport aux sources d'information; il faut bien voir qu'il ne s'agit pas là d'un simple problème d'apprentissage, en vertu duquel un groupe de candidats à l'énonciation se verrait implicitement indiquer les textes qu'il lui faut acquérir pour pouvoir produire. En fait, c'est surtout un processus d'« interpellation » par le discours, pour reprendre une formule althussérienne[25]; en définissant ce qui est requis pour pouvoir énoncer, le discours « filtre » l'apparition dans le champ de la parole d'une population énonciative distincte. Appelons *vocation énonciative* les conditions ainsi posées par une formation discursive pour qu'un sujet s'y inscrive, ou plutôt se sente « appelé » à s'y inscrire. C'est donc moins un processus de sélection explicite (encore que cela puisse parfois prendre cette forme) qu'un ajustement « spontané » des sujets aux conditions requises, l'autocensure faisant s'exclure ceux qui n'ont pas les qualifications exigées ou la possibilité (pour quelque raison que ce soit) de s'en doter.

Dans le cas de l'humanisme dévot la «vocation énonciative» va concerner essentiellement des individus membres d'un ordre régulier, ayant bénéficié d'une large formation humaniste, exerçant des responsabilités comme prédicateur, administrateur, pédagogue, etc...; c'est parmi cette population que se rencontreront les gens qui se sentiront les plus instamment «appelés» à produire des textes dévots; en revanche, seront éliminés ou marginalisés dans le champ les laïcs et le clergé séculier, ceux qui n'ont pas de formation humaniste... Le discours janséniste est corrélatif d'une «vocation énonciative» différente; avec lui il sera nécessaire avant tout d'avoir une connaissance intime de l'Ecriture et des textes des Pères de l'Eglise, associée à un mode de vie «recueilli», celui que prescrit la discursivité janséniste, par son dit comme par son dire. Ainsi, bien des ouvrages relevant de cette formation discursive offrent-ils un avant-propos qui explicite le type de vocation énonciative pertinent, les conditions en vertu desquelles l'auteur s'est senti autorisé à produire :

> Il est difficile de trouver un prêtre plus sérieux, plus recueilli, plus pénétré des maximes de l'Evangile et plus appliqué à l'unique nécessaire qui est la sanctification des âmes et la sienne propre, qu'il l'a été toute sa vie. C'était tellement son unique objet qu'il s'était interdit toute autre application et tout autre entretien [26].

L'orientation que nous donnons ici à notre réflexion suppose un enrichissement corrélatif de la notion de «compétence discursive». En y intégrant d'abord le statut des énonciateurs et leur mode d'énonciation, puis ces phénomènes de vocation énonciative, on définit une compétence qui possède un versant pragmatique, qui définit aussi les conditions de légitimation du dire. C'est un peu l'équivalent au niveau discursif de cette «compétence élargie» que postule Pierre Bourdieu au-delà de la stricte grammaticalité[27] et qui inclut la «capacité de parler et d'agir légitimement (c'est-à-dire de manière autorisée et avec autorité)... qui est socialement reconnue à un agent déterminé»[28]. Chaque discours n'existe qu'en produisant sa propre définition des caractéristiques «que doit remplir le discours légitime, les présupposés tacites de son efficacité»[29]. Sur ce point on retrouve un aspect des «modalités énonciatives» de Michel Foucault, qui les illustre par l'exemple du discours médical:

> Qui parle? Qui dans l'ensemble de tous les individus parlants est fondé à tenir cette sorte de langage? (...) La parole médicale ne peut pas venir de n'importe qui; sa valeur, son efficacité, ses pouvoirs thérapeutiques eux-mêmes, et d'une façon générale son existence comme parole médicale ne sont pas dissociables du personnage statutairement défini qui a le droit de l'articuler[30].

C'est là, bien sûr, un phénomène général, mais dont les manifestations peuvent varier considérablement selon les types de discours concernés. Quand il s'agit de discours liés à des compétences techniques aux finalités contrôlées, la légitimation discursive passe pour une bonne partie par l'acquisition de diplômes. Mais les diplômes ne sont qu'une solidification, une officialisation particulièrement extrêmes d'une réalité multiforme et instable; en effet, dans les champs politique, religieux, esthétique,... le rapport au diplôme ne peut qu'être foncièrement problématique. Certains discours politiques supposent des énonciateurs savants, détenteurs de tels titres, ayant suivi telles carrières; d'autres supposent au contraire des «hommes de terrain», doués de «bon sens», éloignés de toute idéologie; d'autres encore des militants, à la ligne théorique juste, remplissant certaines fonctions dans un appareil, etc... A aucun moment il n'y a la moindre indépendance entre la vocation énonciative et la sémantique discursive.

IV

D'un discours à un autre il y a également un changement dans la zone «en amont» de l'énonciation proprement dite. La différence entre les vocations énonciatives va de pair avec une divergence sur la manière même de traiter la genèse des énoncés, les *rites génétiques*, si l'on convient d'appeler ainsi l'ensemble des actes accomplis par un sujet en vue de produire un énoncé. Cette notion de «rites génétiques» est plus large que celle d'«avant-texte»[31], c'est-à-dire de brouillons, de documents écrits, puisqu'elle inclut aussi des comportements non scripturaires (voyages, méditations...). On aurait tort de ne voir dans ces rites qu'un rapport personnel et ineffable entre un auteur et son écriture, une pure inspiration : là encore le discours définit des contraintes.

Considérons à ce sujet un cas limite, celui de la littérature, qui passe pour concerner les individus et non les institutions. Même si chaque écrivain possède une manière unique de fabriquer ses textes, il n'empêche que dans ses grandes lignes celle-ci est implicitement contrainte par le statut du discours littéraire à un moment et pour une société donnés ainsi que par l'«école» à laquelle il se rattache, bon gré mal gré. Il n'existe pas d'incompatibilité entre rites personnels et rites «imposés» par une appartenance institutionnelle et discursive. La vocation énonciative suppose une harmonisation plus ou moins stricte entre les pratiques individuelles de l'auteur et les représentations collectives dans lesquelles il se reconnaît et que des communautés plus ou moins larges vont en retour voir incarnées en lui. Que l'écrivain croie échapper à l'institution en allant produire dans quelque thébaïde, et il fera très exactement ce qu'on attend de lui, de son incription énonciative. Ce que R. Barthes décrit comme fantasme d'adolescent possède aussi bien le statut d'un fantasme collectif daté :

Cette façon de se promener dans le monde, un carnet dans la poche et une phrase dans la tête (tel je voyais Gide circulant de la Russie au Congo, lisant ses classiques et écrivant ses carnets au wagon-restaurant en attendant les plats)[32].

L'image du forçat des lettres ahanant sur chaque mot que propose Flaubert n'est pas qu'un rite personnel, elle dit la fin du discours romantique et, à travers les rites génétiques, la définition d'un nouveau mode de discursivité littéraire. Lorsque Zola fait des enquêtes sur le terrain, accumule fiches et plans, il manifeste à ses propres yeux et à ceux de tous qu'il est un écrivain naturaliste légitime. Il n'en va probablement pas différemment pour les discours dévots, qui sont inséparables de rites génétiques spécifiques : contempler les merveilles de la nature[33], celles des hommes, lire de bons auteurs, essayer de rédiger des périodes bien cadencées, etc... figurent dans la panoplie de l'énonciateur humaniste dévot, tandis que le silence, la méditation d'un petit nombre de textes essentiels, un relatif désintérêt pour le poli du style figurent dans celle de l'énonciateur janséniste... Autant de pratiques connexes des systèmes de contraintes sémantiques respectifs.

L'énonciation n'a pas qu'un «amont», elle a aussi un «aval», à savoir les *conditions d'emploi* des textes du discours. On peut même dire que cette distinction entre amont et aval n'oppose pas des réalités indépendantes: la manière dont le texte est produit et celle dont il est consommé sont liées.

Le texte peut faire l'objet de *modes de diffusion* très variés et l'on ne saurait poser une extériorité entre cet aspect et leur contenu même. Le réseau institutionnel dessine lui-même un réseau de diffusion, les caractéristiques d'un public, indissociables du statut sémantique que s'assigne le discours. Ce sont là des pratiques souvent mal connues, peu étudiées, ou qui, lorsqu'elles le sont, ne sont guère mises en relation avec le dit et le dire des discours concernés.

Le « mode de diffusion » va de pair avec le *mode de consommation* du discours, c'est-à-dire avec ce qu'on « fait » des textes, comment ils sont lus, manipulés...

Nous sommes renvoyé ici à une problématique des « genres », si l'on élargit un peu les implications de cette notion usuelle. On a en effet spontanément tendance à lui conférer un statut essentiellement formel, celui d'un ensemble de propriétés stylistiques, alors que le genre définit aussi les conditions d'utilisation des textes qui relèvent de lui. Le fait qu'un poème soit destiné à être chanté, accompagné d'un instrument de tel type, lu à haute voix en société, ou parcouru des yeux solitairement, consommé en tel ou tel type de circonstances... a une incidence radicale sur sa longueur, son découpage strophique, ses récurrences, etc... On sait l'importance qu'ont eue ces facteurs dans l'étude des Evangiles ; il s'est avéré impossible de dissocier ces textes de la consommation qui en était faite dans les premières communautés chrétiennes.

On prédira donc que le passage d'un discours à un autre qui est antagoniste suppose une modification dans ce mode de consommation de la même manière qu'il provoque des changements dans les rites génétiques et la population énonciative. Cette prise en compte peut correspondre à deux points de vue distincts, dont le second seul nous intéresse ici.

Selon le premier on tentera de reconstituer par des voies sociologiques, historiques la manière dont étaient consommés les textes d'un discours déterminé. Selon le second il s'agit seulement de déterminer le type de consommation que le discours, par son univers sémantique, institue lui-même. Une telle détermination ressortit à la sémantique globale, la «lecture» étant tacitement régie par elle, au même titre que l'énonciation, qu'elle prolonge. Ce mode de consommation n'est cependant pas affecté à un discours pour l'éternité. Dès que le discours a perdu son actualité historique première il est passible des modes de consommation ultérieurs les plus variés, au gré des exploitations qui en sont faites. Qu'on puisse trouver des extraits des *Provinciales* de Pascal dans les manuels d'histoire littéraire des lycéens du XXe siècle ne dépend évidemment pas de la sémantique globale du discours janséniste et suppose un tout autre mode de consommation, à l'intersection du statut de la littérature et de l'école dans une certaine société.

Dans cette perspective on est en droit de poser que les ouvrages jansénistes proprement dévots impliquent une lecture solitaire, recueillie, qui conduit à s'arrêter sans cesse pour prier ou méditer; consommation dans le droit fil de textes à base de fragments autarciques, supportés par une voix anonyme, écrits dans un style sans ornement, destiné à ramener à la seule intériorité de l'âme.

Les divers aspects de la discursivité que nous avons évoqués dans ce chapitre sont souvent tenus à l'écart, étant jugés hétéronomes par rapport à l'univers du discours. Aujourd'hui on tend de plus en plus à réarticuler ces instances, à remettre en cause une conception trop élémentaire de la clôture discursive; dans notre cadre cette réarticulation s'opère autour du principe d'une sémantique globale foncièrement dialogique.

Cette démarche suppose que nous résistions aussi à notre propension à penser la discursivité sur le mode de la succession : il n'y a pas d'abord une institution, puis une masse documentaire, des énonciateurs, des rites génétiques, une énonciation, une diffusion et enfin une consommation, mais un même réseau qui régit sémantiquement ces diverses instances.

Est ainsi récusée l'idée qu'il existerait un « environnement » du discours qui lui serait extérieur. En réalité, qu'il s'agisse d'un *environnement énonciatif immédiat* (production/consommation des énoncés) ou d'un *environnement institutionnel* proprement dit, il n'y a aucune raison sérieuse de penser que les contraintes sémantiques à l'œuvre dans les textes n'ont de portée qu'à l'intérieur de la clôture visible de la surface discursive. Les objets sémantiques que nous manipulons dans les systèmes de contraintes ne sont pas réservés *a priori* aux seules unités de la langue.

Cette réorientation d'ensemble nous amène à remodeler la notion de discours. Au départ nous l'avons envisagé en demeurant dans l'orbite de la stricte textualité. A présent nous sommes déporté vers son « environnement » pour faire apparaître une intrication sémantique irréductible entre des aspects textuels et non textuels. Il vaudrait donc mieux définir notre objet non comme le discours mais comme la *pratique discursive*, suivant en cela partiellement la visée de Michel Foucault, qui introduit précisément ce terme pour référer au « système de rapports » qui pour un discours donné règle les emplacements institutionnels des diverses positions que peut occuper le sujet d'énonciation. On évitera ainsi de dissocier les composantes d'une inscription sociale et sémantique polymorphe, destinée à structurer la complexité d'un rapport au monde pour une collectivité, réelle ou virtuelle.

NOTES

[1] Gallimard, 1981.
[2] *Op. cit.*, p. 158.
[3] Voir par exemple la synthèse de B.P. Lécuyer, « Bilan et perspectives de la sociologie de la science dans les pays occidentaux » (*Archives européennes de sociologie*, 19, 1978, p. 257 et suiv.).
[4] *L'esprit de sel*, Fayard, 1981, p. 29.
[5] *Actes de la recherche en sciences sociales*, n° 2-3, juin 1976.
[6] *Art. cit.*, p. 89.
[7] *L'écriture de l'histoire*, Gallimard, 1975, p. 69.
[8] *Op. cit.*, p. 71.
[9] Voir en particulier les travaux de N. Eldredge et S.J. Gould (in *Models in paleobiology*, M. Schopf ed., San Francisco, 1972, pp. 82-115). Pour une présentation de l'ensemble de cette problématique on peut se référer à l'article de Marcel Blanc, « Les théories de l'évolution aujourd'hui », dans *la Recherche*, n° 129, janvier 1982 ainsi qu'à l'ouvrage de S.J. Gould, *Le pouce du panda*, tr. fr. Grasset, 1982, chap. 17.
[10] En particulier Yves de Paris et François Bonal. Saint François de Sales, qui était évêque et non clerc régulier, semble constituer une exception de taille. En réalité, il a été élève des Jésuites au collège de Clermont, a favorisé autant qu'il l'a pu le développement des ordres religieux, en a même créé un lui-même (la Visitation, avec Jeanne de Chantal). En 1607 il a fondé une « Académie florimontane » inspirée des académies des collèges de Jésuites pour tenter de toucher les élites laïques par les humanités et les arts.
[11] De 1558 à 1625 les Jésuites passèrent de 1.000 environ à 15.544. L'année 1645 correspond à la mort de Mutius Vitelleschi, cinquième successeur de saint Ignace de Loyola.
[12] C'est précisément par le modèle d'« Ordre » que représente l'armée que François de Sales ouvre son *Traité de l'amour de Dieu* : « L'union établie en la distinction fait l'ordre; l'ordre produit la convenance et la proportion, et la convenance, ès choses entières et accomplies, fait la beauté. Une armée est belle quand elle est composée de toutes ses parties tellement rangées en leurs ordres que leur distinction est réduite au rapport qu'elles doivent avoir ensemble pour ne faire qu'une seule armée » (*Œuvres*, ed. de La Pléiade, p. 353).
[13] *Entretiens spirituels*, in *Œuvres*, La Pleiade, p. 1090.
[14] Voir en particulier les ouvrages de pédagogie du Père F. Sacchini (1570-1625) : *Protrepticon ad magistros scholarum inferiorum Societatis Jesu* (Rome, 1625) et *Paraenesis ad magistros scholarum inferiorum Societatis Jesu* (Rome, 1625). Ce point a été étudié en particulier par J. Lacotte (« La notion de 'jeu' dans la pédagogie des Jésuites au XVIIe siècle » in *Revue des sciences humaines*, 1975-2, p. 251 et suiv.
[15] Paris, 1636.
[16] *La Peinture spirituelle ou l'art d'admirer, aimer et louer Dieu en toutes ses œuvres et tirer de toutes profit salutaire* (Lyon, 1611).
[17] « Epistre » dédicatoire p. 4.
[18] Cf. François de Sales (*Introduction à la vie dévote*, I, Chapitre 16). La possibilité même de telles descriptions du Paradis découle du système de contraintes, qui met en rapport d'/Homologie/ généralisée « Ordres » naturels et surnaturels. Le tableau le plus luxuriant est certainement celui qu'offre le Père Antoine Girard (*Tableau des joies du paradis*, Paris, 1639).
[19] Plus exactement il s'agit des manuels diffusés dans les écoles primaires

laïques entre 1870 et 1914. Partant de l'hypothèse que ces ouvrages relevaient d'une formation discursive consistante, nous avons tenté d'en dégager les schèmes fondamentaux dans un livre paru en 1979 (*Les livres d'école de la République*, Paris, Le Sycomore).
[20] *Les livres d'école...*, p. 57.
[21] *Op. cit.*, p. 170.
[22] *Op. cit.*, IIIe partie, chap. 5.
[23] Rome, 1593.
[24] Bernard Dorival, *Philippe de Champaigne*, Leonce Laget ed., Paris, 1976, tome 1, p. 63.
[25] Louis Althusser, *Positions*, Editions sociales, Paris, p. 110: «L'idéologie interpelle les individus en sujets».
[26] *Lettres chrétiennes...*
[27] «L'économie des échanges linguistiques», *Langue française* n° 34, 1977.
[28] *Actes de la recherche en sciences sociales*, n° 2-3, 1976, p. 89.
[29] *Langue française* n° 34, p. 21.
[30] *Archéologie du savoir*, p. 68.
[31] Notion introduite par Jean Bellemin-Noël dans *le Texte et l'avant-texte*, (Paris, Larousse, 1972) pour élargir celle de «brouillons».
[32] *Barthes par lui-même*, Seuil, 1975, p. 81.
[33] Dans *la Peinture spirituelle* Louis Richeome fait de cette contemplation une des meilleures recettes pour produire des réflexions dévotes; il se recommande à ce propos de l'exemple d'Ignace de Loyola: «Notre bienheureux Père Ignace, comme plusieurs autres de cette Compagnie, après lui, était si extrêmement duit en l'exercice de cette science qu'il se ravissait en la contemplation de toute créature, tant petite fût-elle, et en tirait suc et viande pour en nourrir son esprit, et tenir en haleine le cours de ses dévotions» («Epistre», p. 3).

Chapitre 6
Une pratique intersémiotique

Depuis le début du chapitre précédent la logique de notre propos nous conduit à ne pas restreindre au seul domaine textuel la validité du système de contraintes sémantiques propres à un discours. En fait, nous nous étions réservé cette possibilité dès le début en présentant le modèle de la formation discursive comme un «système de contraintes» portant sur des organisations de sens et non comme une grammaire destinée à engendrer des énoncés. Jusqu'au chapitre 4 nous avons associé ce système à divers «plans» textuels, mais comme rien n'interdit *a priori* de concevoir qu'il puisse porter sur d'autres types de structures sémiotiques, nous avons élargi la réflexion aux conditions d'énonciation et à la dynamique institutionnelle que présuppose le discours. Nous allons à présent faire porter notre effort sur des productions d'ordre non linguistique.

Limiter l'univers discursif aux seuls objets linguistiques constitue sans nul doute un moyen de se prémunir contre les risques inhérents à toute tentative «intersémiotique», mais présente l'inconvénient de nous laisser largement en deçà de ce que tout le monde a toujours su, à savoir que les divers supports sémiotiques ne sont pas indépendants les uns des autres, étant soumis aux mêmes scansions historiques, aux mêmes contraintes thématiques, etc... Des notions comme celles d'«école», de «mouvement»... traversent la diversité des domaines sémiotiques. On parle effectivement d'«école romantique» en peinture, en musique, en architecture comme en littérature... Aussi les commentateurs traquent-ils depuis longtemps, de manière le plus souvent «sauvage», les correspondances de forme, de «climat»... entre ces divers domaines: les concerti pour piano ou violon et orchestre répondraient à l'émergence d'une relation problématique entre le héros romantique solitaire et la société, la peinture de la Contre-Réforme catholique irait de pair avec le développement d'un certain type de polyphonie religieuse, etc... Ce genre de mises en correspondance intersémiotiques s'opère surtout de manière intuitive et locale; en revanche, si notre démarche est conséquente, elle doit nous mener à énoncer la proposition suivante:

> L'appartenance à une même pratique discursive d'objets relevant de domaines sémiotiques différents s'exprime en termes de conformité à un même système de contraintes sémantiques.

Par là il s'agit évidemment d'affronter un problème de typologie en écartant à la fois l'approche impressionniste ou, plus largement, l'intuition de parentés, d'affinités étayées par des indices hétérogènes, et l'approche «insulaire» qui consiste à isoler chaque domaine dans sa clôture. *Mutatis mutandis*, sur ce dernier point le diagnostic que fait Michel Serres à propos de l'histoire des sciences s'avère trop souvent pertinent:

> Tout le monde parle d'histoire des sciences. Comme si elle existait. Or je n'en connais pas. Je connais des monographies ou des associations de monographies à intersection vide. Il y a des histoires des sciences distributivement... Que la monographie d'une discipline ou

d'une région se soit aujourd'hui substituée à celle d'un auteur, génial ou secondaire, comme on disait, cela ne change pas grand-chose à l'affaire... Alors la géométrie ou l'optique s'engendrent de soi-même, par soi-même, comme si elles existaient indépendamment et se développaient en système clos[1].

Contre l'approche intuitive il convient d'opérer un détour par l'abstraction et une confrontation globale des termes en relation; contre l'approche «insulaire» il convient de définir des unités plus compréhensives. C'est dans cette perspective que nous avons énoncé notre proposition; si elle est fondée, elle revient à définir la pratique discursive comme l'unité d'analyse pertinente, qui peut intégrer des domaines sémiotiques variés: énoncés, tableaux, œuvres musicales... Un tel élargissement de l'unité d'analyse ne signifie pas que ces divers domaines soient isomorphes dans leur mode de structuration, mais seulement que le système de la formation discursive doit contraindre ces modes de structuration, quels qu'ils soient. Certes, les productions linguistiques y jouent un rôle dominant, mais qui ne saurait être exclusif[2].

Nous écartant de la voie suivie jusqu'à présent, on conviendra pour la commodité d'appeler «textes» les divers types de productions sémiotiques relevant d'une pratique discursive. Ce faisant, nous nous conformons d'ailleurs à un usage de plus en plus répandu dans les sciences humaines, où l'on parle constamment de «texte», voire de «discours» musical, pictural, architectural, etc... Pour dissiper les équivoques on utilisera le terme d'«énoncé» quand il s'agira de référer à des textes au sens restreint, c'est-à-dire à des productions linguistiques. En généralisant ainsi l'emploi de «texte» nous entendons évidemment souligner leur commune capacité à être investis par un même système sémantique.

La coexistence de textes appartenant à des domaines

sémiotiques différents n'est cependant pas libre à l'intérieur d'une formation discursive déterminée. N'importe quel domaine ne peut pas figurer avec n'importe quel autre, et ces contraintes sont fonction à la fois du genre de pratiques discursives concernées et du contenu propre de chacune.

Le genre de la pratique discursive impose des contraintes qui tiennent au contexte historique et à la fonction sociale de cette pratique. Dans le cas du catholicisme du XVIIe siècle, par exemple, la pratique discursive dévote mobilise aussi bien la musique que la sculpture, la peinture, une littérature, des rites liturgiques...; quant aux contraintes liées au discours particulier, elles définissent des associations préférentielles, des exclusions, des marginalisations... spécifiques; on en aura une bonne illustration avec le statut de la peinture, survalorisée dans le discours humaniste dévot et marginalisée dans le discours janséniste. Sur ce point encore il n'existe pas d'indépendance entre le fonctionnement «interne» de chaque domaine de la pratique discursive et sa manière de définir ses relations aux autres.

Le recours à un même système sémantique pour diverses pratiques sémiotiques au sein de la même unité discursive suppose bien sûr une extension corrélative du principe de «compétence discursive». Si nous voulons être conséquent nous ne pouvons pas réserver ce principe aux seuls énonciateurs linguistiques. Le peintre, l'architecte..., dès lors qu'ils participent de la même pratique discursive, disposent du même réseau de règles que les énonciateurs pour traiter les matériaux signifiants. Comme eux ils sont capables de reconnaître l'incompatibilité des productions de leur Autre, ainsi que la coïncidence de telles ou telles productions avec les règles de leur propre formation discursive. Dans ces conditions, tout ce qui a été avancé au chapitre 2 sur les relations complexes qui s'établissent entre les auteurs et l'appartenance discursive de leurs textes s'avère ici tout à fait valide. On a affaire à la même hétérogénéité et il est nécessaire de recourir aux mêmes distinctions pour ne pas se perdre dans d'insolubles discussions où l'on mélange biographie et œuvres ou réduit ces dernières à une collection de «thèmes»[3].

Il faut également maintenir l'élargissement de la notion de compétence auquel nous avons procédé au chapitre précédent. Ce qui a été dit au sujet du «mode de coexistence» des textes, de la «vocation énonciative», des «rites génétiques», des «conditions d'emploi» doit trouver un répondant. Comme l'énoncé, le tableau, le morceau de musique... sont soumis par leur pratique discursive à un certain nombre de conditions qui en définissent la légitimité. Supposons par exemple qu'il s'agisse d'un tableau et que celui-ci relève du «réalisme socialiste»; le type de «vocation énonciative» correspondant comportera sans nul doute, outre l'aptitude à la peinture figurative et une formation académique en conséquence, des traits comme un intérêt particulier pour les problèmes, le mode de vie des «masses», une participation active au travail militant; elle exclura corrélativement les individus non politisés, les mystiques, les peintres abstraits, etc... Divergence qui ira de pair avec une divergence au niveau des rites génétiques: un réaliste socialiste se souciera de documentation, accordera une grande importance à la composition, tiendra compte du jugement de publics non spécialisés...

Les «conditions d'emploi» dans cet exemple ne sont pas moins impliquées. Selon qu'il s'agira d'œuvres destinées à telles institutions, tels lieux, telles fonctions (décorer la salle des fêtes du kolkhoze, la mairie...), le format, le thème, le choix des couleurs, etc... en seront affectés, non à titre de paramètres accessoires, mais parce que cela s'inscrit dans les conditions mêmes du fonctionnement de la pratique discursive, au même titre que le didactisme. Même la notion de « mode de coexistence » peut trouver ici un répondant. Le texte pictural, tout solitaire qu'il puisse paraître, du seul fait de son appartenance à la pratique discursive, suppose tacitement l'ensemble virtuel de ceux avec lesquels il peut être légitimement associé. Ainsi les murs d'une institution vouée au réalisme socialiste pourront-ils faire coexister paysages, évocations d'événements historiques, scènes du travail quotidien, du folklore, etc..., un univers de sens dont le parcours dessine la frontière du dicible d'un certain discours.

Une telle démarche, qui consiste à intégrer dans l'unité d'une même compétence des pratiques relevant de domaines sémiotiques distincts, n'a rien de bien nouveau, même dans une perspective non impressionniste. Avant le déferlement des travaux structuralistes on trouve en particulier le précédent fameux des recherches d'Erwin Panofsky sur les rapports entre architecture gothique et pensée scolastique[4]. Notre approche converge manifestement sur certains points essentiels avec le projet de Panofsky, même si nous partons de directions opposées.

L'auteur d'*Architecture gothique et pensée scolastique* est un spécialiste d'histoire de l'art qui pour expliquer la structure des édifices gothiques est amené à faire l'hypothèse d'un isomorphisme précis entre celle-ci et le mode d'organisation de la philosophie scolastique, le développement des deux séries étant d'ailleurs rigoureusement concomitant. L'apport de Panofsky, ce n'est probablement pas tant d'avoir repéré de telles affinités structurelles, ce que bien des adeptes du « zeitgeist » ou de la « weltanschauung » avaient fait avant lui, que d'avoir tenté de définir l'opérateur qui permet d'établir un tel isomorphisme. Pour ce faire il a choisi de « mettre entre parenthèses le contenu notionnel de la doctrine et de concentrer l'attention sur son *modus operandi*[5] », c'est-à-dire de dégager les schèmes abstraits inconscients qui sont à l'œuvre aussi bien dans un domaine que dans l'autre et fondent leur comparabilité. Ce « modus operandi », il l'appelle également « habitude mentale », « force formatrice d'habitudes » ou « habitus » et lui assigne un lieu, l'école, par laquelle passent les architectes et à travers le fonctionnement de laquelle s'est édifié ce mode de penser scolastique qui trouve son accomplissement suprême dans les grandes « sommes » théologiques.

Panofsky va donc d'un texte architectural à un type d'énoncés théologiques, dégage pour cela un modus operandi et lui assigne une inscription institutionnelle. Ici nous avons procédé de manière différente : nous avons construit une « compétence » (qui joue le rôle de modus operandi) à partir d'un ensemble d'énoncés, lui avons ensuite conféré un répondant institutionnel et tentons à présent d'en étendre la validité à des textes ressortissant à d'autres domaines sémiotiques. Cette indéniable convergence des deux approches est néanmoins affectée par la disparité entre leurs cheminements. Ce n'est pas un hasard si Panofsky travaille sur un matériau architectural, c'est-à-dire sur le terrain privilégié de ce structuralisme « géométriste » dont avec J. Derrida nous ne pouvons que déplorer les limites. A l'évidence, ce type de modus operandi occulte la dimension énonciative et l'on peut se demander plus généralement si son aptitude à rendre compte d'agencements spatiaux visibles ne va pas de pair avec une certaine inefficience face à des réalités discursives d'un autre genre[6].

Comme il est logique, ce modus operandi panofskien, à l'instar de notre « compétence discursive », fonctionne comme système de critères permettant d'affirmer ou de récuser l'appartenance d'un texte à la pratique discursive. Certes, on retrouve ici le cercle méthodologique évoqué au chapitre 2, selon lequel la compétence est construite à partir d'un ensemble de textes tout en devant aussi servir à determiner l'appartenance des textes à cette compétence. Mais c'est la rançon de toute approche structurale qui ne peut attendre d'autre «preuve» de sa pertinence que la fécondité de ses hypothèses. Pour nous la possibilité d'intégrer des textes non linguistiques à une pratique discursive qui jusqu'ici n'a été définie que sur des énoncés suppose qu'on puisse procéder à la lecture la plus compréhensive possible de ces textes à l'aide du système de contraintes sémantiques. Par cette lecture il ne s'agit ni d'en apprécier la valeur esthétique ni d'en épuiser la signification : le même système de contraintes rend possible la production d'œuvres géniales aussi bien que de médiocres, et définir en vertu de quelles propriétés tel édifice, telle symphonie, tel tableau... pourront être dits relever de telle pratique discursive n'en clôt évidemment pas les possibilités herméneutiques.

II

Il ne peut entrer dans notre propos de vérifier toutes les implications de ce qui représente une hypothèse d'ordre très général sur l'extension du domaine de validité de la sémantique discursive esquissée précédemment. Nous nous contenterons de l'illustrer en étudiant un tableau dont, avant toute analyse en termes de formation discursive, on a de bonnes raisons de penser qu'il relève de la discursivité janséniste.

Ce tableau, le «Souper d'Emmaüs», présente des propriétés intéressantes[7]. Ni daté, ni signé, il appartient sans conteste à l'école de Philippe de Champaigne, mais on ne sait pas avec certitude s'il faut l'attribuer à celui-ci, à son neveu Jean-Baptiste ou à la collaboration des deux, voire à une tierce personne. Il semble cependant que l'apport de Jean-Baptiste ait été déterminant[8]. Cette œuvre présente le grand intérêt d'avoir été peinte en s'inspirant d'un tableau du Titien, les « Pèlerins d'Emmaüs »[9]. Or la relation entre ces deux œuvres a été le support d'une réflexion sur la légitimité de la peinture religieuse dans le cadre d'une correspondance entre Martin de Barcos, abbé de Saint-Cyran et janséniste extrémiste, et Jean-Baptiste de Champaigne. On dispose en outre d'une conférence devant l'Académie que ce même Jean-Baptiste a consacrée au commentaire de ce tableau du Titien[10].

Ce détour par « les Pèlerins d'Emmaüs » du peintre vénitien n'a rien de gratuit. En fait, il va nous permettre de restituer la dimension *dialogique* de la discursivité, le fonctionnement de l'espace discursif. Notre analyse possède ainsi une double portée : elle doit permettre d'une part de déterminer si le modèle de l'espace discursif construit pour des énoncés s'avère pertinent pour un tableau, c'est-à-dire délivre effectivement des critères efficaces d'appartenance à la pratique discursive; d'autre part de nous demander si les transformations que le tableau janséniste a fait subir à l'œuvre de Titien sont sémantiquement convergentes et connexes avec les règles d'« interincompréhension » de l'espace discursif. En cas de réussite, ce second aspect nous fournira une bonne illustration du processus de traduction de l'Autre dans les catégories du Même. Ceci présuppose évidemment que « les Pèlerins d'Emmaüs » appartiennent à un univers discursif sinon identique du moins très proche de celui de l'humanisme dévot; ce qui nous semble difficilement contestable[11].

Etablir la conformité d'un texte pictural avec les contraintes d'un discours doit se faire à deux niveaux complémentaires :

- En montrant que les « conditions génériques » auxquelles il est soumis sont celles-là mêmes qui, pour cette pratique discursive, définissent la légitimité de ce type de productions;

- En montrant que le texte considéré dans sa singularité est conforme à la formation discursive pertinente.

Nous n'évoquerons que très rapidement le premier aspect. Pour le discours janséniste la légitimité de la peinture religieuse n'est pas une chose qui va de soi. Cette question a été fort bien éclaircie par Louis Marin[12], qui l'a très justement liée à la réflexion sur le signe développée par la *Logique* de Port-Royal[13]. Nous nous contenterons ici de souligner qu'étant donné la structure du système sémantique janséniste, qui rejette l'/Etendue/, l'/Extériorité/... dans son registre négatif, *a priori* la peinture religieuse ne peut qu'être «idole»[14], condamnable en ce qu'elle arrête l'âme à des réalités sensibles au lieu de la faire accéder à la pure spiritualité de Dieu. La peinture ne sera légitime que si elle se rend si parfaitement /Similaire/ à des énoncés de Dieu qu'elle se fasse oublier dans sa matérialité de signe; devenue transparente de part en part au signifié divin, elle en manifestera en tous points la présence.

En termes de «genre», cette exigence se traduira par un attachement exclusif à une peinture d'histoire religieuse, donnant à voir exactement ce que disent les textes sacrés. Comme l'expliquait Philippe de Champaigne:

> Nous ne devons pas commettre de fautes contre l'histoire... Car le peintre dans les sujets scripturaires qu'il illustre a toujours bien soin, d'une part, de ne rien introduire qui ne soit attesté par les textes sacrés, et de ne rien omettre, de l'autre, de ce qu'ils ont dit[15].

Peinture qui sera donc une peinture essentiellement pédagogique, le tableau devant délivrer le message de Dieu par chacun de ses détails. En bref, il faut «une histoire *véritable*, et propre pour honorer Dieu *en instruisant* fidèlement les hommes »[16]. Ce type de pratique picturale va de pair non seulement, on s'en doute, avec des « conditions d'emploi » des tableaux spécifiques, mais aussi avec une conception particulière de la « vocation énonciative »; Philippe de Champaigne, le plus grand peintre auteur d'œuvres jansénistes, n'a pas fait, par exemple, le voyage à Rome. Outre les qualités techniques indispensables, il est impérativement requis de celui qui doit représenter « les choses de Dieu » une grande piété, puisque celles-ci « ne se connaissent que par l'expérience, et par l'affection, qui est la plus vive de toutes les couleurs dans toutes sortes de sujets »[17].

Ces exigences, on les trouve nettement énoncées à propos du « Souper d'Emmaüs » dans les lettres de Barcos à Jean-Baptiste de Champaigne. Leur formulation est associée à la dénonciation d'un Autre qui est défini comme la peinture religieuse italienne de la Contre-Réforme, faite par des gens qui « par leurs ornements et leurs fausses couleurs font des plus saints mystères des idoles et des mensonges »[18]. En tant qu'« Autre » du discours janséniste, cette peinture italienne possède les traits de son registre négatif: elle /Mélange/ ainsi le divin et le mondain (le peintre mêle ses propres inventions à ce que dit le texte divin), elle ne rompt pas avec l'intertexte de l'Antiquité païenne (« les Italiens ont l'esprit rempli des idées et des figures des Païens »[19]), etc...

S'appuyant sur un autre tableau du Titien[20], Barcos s'attache ainsi à montrer que sur de nombreux points il trahit la vérité enseignée par l'Ecriture. Or de tels manquements n'apparaissent pas dans l'œuvre du Titien dont s'est inspiré l'auteur du janséniste « Souper d'Emmaüs ». La conférence qu'a prononcée Jean-Baptiste de Champaigne sur ces « Pèlerins d'Emmaüs » le montre bien. Il loue hautement l'œuvre[21] et manifeste, comme son oncle d'ailleurs, une grande estime pour son auteur[22]. Ces éloges ne font que rendre encore plus significative l'ampleur des transformations qui ont permis de passer du tableau du Titien au tableau janséniste. En effet, dans la mesure où les «Pèlerins d'Emmaüs» sont une œuvre très sobre et qui en surface prête peu flanc aux critiques jansénistes contre les peintres italiens, ainsi qu'en témoigne la conférence de Jean-Baptiste, il apparaît clairement que *c'est l'univers sémantique dont relève ce tableau qui est récusé*, et non ce tableau lui-même.

On ne dira donc pas que Jean-Baptiste fait preuve de «duplicité» ou d'«opportunisme» en faisant l'éloge devant l'Académie d'une œuvre qu'il récuse dans sa pratique de peintre. Cette dysharmonie apparente illustre en réalité la subordination de la subjectivité énonciative aux diverses *positions* qu'elle peut occuper dans les champs institutionnels. Quand Jean-Baptiste fait de la peinture religieuse et correspond avec Barcos il s'inscrit dans la compétence discursive janséniste et rejette les productions du Titien comme relevant de son Autre. Mais quand il parle devant le public de l'Académie royale de peinture et de sculpture il énonce en tant que peintre connu à l'intérieur du discours pictural dominant, celui du classicisme, même s'il laisse affleurer par moments ses convictions jansénistes. Ce type d'hétérogénéité nous montre une fois de plus la nécessité de ne pas réduire la compétence à un ensemble de traits biographiques ou aux représentations que les sujets se font de leur situation.

En toute rigueur l'étude de ce texte pictural exigerait une théorie de la structure de ce type d'objets sémiotiques. Quand nous avons illustré l'efficace du système de contraintes sur les énoncés dévots nous avons distingué divers «plans» soumis à la sémantique globale, sans que cette liste corresponde à autre chose qu'une pure commodité dans la présentation; nous procèderons de même ici, avec cette différence que l'identification de divers lieux d'analyse sur le tableau sera tout à fait «sauvage». De toute façon, si l'on nous suit bien, cela ne devrait pas *a priori* avoir une incidence notable, l'essentiel étant pour nous de dégager la cohérence de l'ensemble des transformations qui ont mené d'un texte pictural à l'autre.

Ces transformations, si on les rapporte au cadre interdiscursif esquissé au chapitre 4, supposent une série d'étapes:

1. Le texte du Titien tel qu'il se conforme au système sémantique de l'Autre;
2. Le «filtrage» opéré par le peintre janséniste, qui traduit dans son propre registre négatif les multiples éléments qui ne sont pas conformes à son registre positif et intègre à ce dernier ceux qui lui paraissent conformes;
3. Les éléments ainsi rejetés sont transformés (éliminés, remplacés, déplacés...) de façon à entrer dans la nouvelle structure textuelle, totalement conforme au système janséniste.

Pour illustrer ce mécanisme qui va sous-tendre l'ensemble de notre analyse, considérons seulement un détail, à savoir la vaisselle placée sur la table dans les deux tableaux. Dans le système dont relève le tableau du Titien elle constitue une /Diversité/ (registre M2+ du modèle); la compétence janséniste traduit cette /Diversité/ en /Pluralité/ négative (M1−); traduction inévitable puisque cette multiplicité d'objets n'est pas imposée par le texte de l'Ecriture. Il reste alors à faire intervenir la «Concentration» pour ramener cette /Pluralité/ d'objets à l'/Unité/ de cet unique plat posé sur la table de l'œuvre janséniste (retour au registre M1+).

Ce processus de transformation d'un tableau en un autre ne doit cependant pas être envisagé de manière atomiste, comme si l'agent transformateur opérait détail par détail, isolant chaque élément de l'ensemble. En réalité la transformation ne peut qu'être globale, chaque opération particulière étant calculée en fonction des autres. Si par exemple on appliquait de manière atomiste l'opération de « Concentration » on aurait dû voir supprimée la servante dans le texte janséniste, car sa présence n'est pas indiquée par l'Ecriture et elle détourne l'attention du centre du tableau ; en fait, l'agent transformateur s'est contenté de passer de deux serviteurs à un seul, ce qui est bien dans la logique sémantique du système janséniste, et a fait jouer d'autres considérations pour maintenir la présence de cette unique figure (cf. *infra*, p...). Cette « globalisation » des transformations a évidemment valeur générale ; même lorsque la transformation semble n'avoir touché que quelques points localisés du texte original, c'est l'ensemble de l'organisation qui a été recomposée. Comme on l'a déjà souligné au chapitre 3, il n'existe pas de hiérarchie entre les « plans » : une modification dans les couleurs des vêtements n'est en soi pas moins importante qu'une redistribution de toute la composition, la suppression de quelques objets dans un coin peut être aussi lourde de sens qu'une réorganisation du découpage de l'espace. C'est uniquement par rapport aux contraintes de la compétence transformatrice qu'on peut en juger ; le filtrage se fait en fonction de la relation entre les deux compétences et seule compte une chose : que le texte d'arrivée soit conforme à la sémantique de la compétence transformatrice. Ce résultat pourra être obtenu par des moyens infiniment variés, des plus minimes en apparence aux plus patents.

III

Comme le note très justement Louis Marin, qui a comparé ces deux œuvres[23], leur structure est semblable: repas de plein air, table dressée près d'une architecture qui masque la moitié du fond et laisse apparaître, dans l'autre, un paysage. Un personnage debout entre le Christ et l'un des disciples, aubergiste chez Titien, servante chez Champaigne, les disciples de part et d'autre du Christ sont de profil, le Christ, presque de face[24].

Mais, au-delà, de notables divergences apparaissent.

Pour la commodité de l'analyse on appellera *texte-source* le tableau du Titien et *texte-cible* celui du discours janséniste[25]. Le texte-source est un vaste rectangle (2,44 × 1,69) parcourable du regard dans les deux sens, tandis que le texte-cible est plus concentré (1,51 × 1,36), un peu plus haut que large, et oblige le regard à entrer dans l'espèce de cercle que forme le groupe central focalisé lui-même par la figure du Christ, vers laquelle converge donc toute la composition. Ce texte-cible apparaît nettement comme une /Forme centrée/ (cf. *supra*, p...) qui tend même à la circularité, réalisation la plus achevée du dynamisme de la «Concentration».

Cette impossibilité de faire circuler le regard dans le texte-cible est renforcée par la façon dont se distribuent les regards entre les personnages. Chez Titien l'aubergiste regarde le disciple placé à gauche, celui-ci regarde le Christ, lequel regarde le pain; quant au jeune serveur à l'extrême gauche, il regarde le disciple de droite, dont l'œil est fixé sur le geste du Christ. De cette manière, si tous les regards finissent par atteindre Jésus au centre, c'est en se soumettant à une *hiérarchie* à la fois sociale (serviteurs debout vs hôtes assis) et théologique (non chrétiens vs chrétiens), les disciples seuls regardant directement le Christ. Dans le texte-cible, en revanche, tous les yeux se tournent directement vers un seul point, un minuscule objet circulaire, l'hostie[26]. A un «Ordre» de regards s'est substituée une /Forme centrée/ violemment focalisée sur un point vers lequel converge l'ensemble de la composition.

Le privilège ainsi accordé à la circularité dans le texte-cible est patent, comme le montrent d'autres traits. Les personnages sont assis autour d'une table circulaire, que sa blancheur fait ressortir encore davantage; l'hostie est à la circonférence du cercle que dessine la main gauche du Christ, dont l'autre main répète la même figure; les seuls objets visibles sont tous circulaires (le plat sur la table, les assiettes que tiennent le Christ et la servante, les pommes dans le plat). Cette circularité obstinée est étroitement liée à la définition de l'/Unité/ du tableau; Jean-Baptiste de Champaigne l'explique clairement dans une de ses conférences :

> Il est nécessaire d'admettre l'unité d'objet dans les tableaux, quelque grande que soit la quantité de figures qu'on y introduit (...) Tout ce qui entre dans la composition d'un sujet doit contribuer à l'exprimer ainsi que les parties d'une tête concordent toutes ensemble à marquer plus vivement la passion que le peintre veut représenter. Et comme la rondeur est la forme la plus proportionnée et la plus agréable à la vue..., et que cette rondeur qui se trouve dans la tête vient de la situation des parties qui donnent des jours et des ombres avantageuses, ainsi les figures qui entrent dans un tableau doivent être disposées comme une tête, en rond, autant que les sujets peuvent le permettre[27].

On voit bien ici comment la composition, le jeu des ombres font converger le texte vers la *tête* du Christ précisément, cercle lumineux central qui déporte l'attention vers un second cercle lumineux, l'hostie; on pourrait penser que cette dualité des centres ruine l'unité du tableau : il n'en est rien car l'hostie coïncide justement avec la personne même du Christ, qu'elle «concentre» dans sa ponctualité.

Une telle organisation suppose la refonte de toute l'économie du texte-source, qui repose sur l'interaction essentielle des lignes horizontales et des verticales. Au format rectangulaire du tableau répond celui de la table; la netteté de ces horizontales, renforcée par la ligne du mur à la base de la colonne, va de pair avec la mise en évidence de verticales (les pieds de la table, du tabouret, les cristaux sur la table, et surtout les trois rectangles ascendants de couleur plus sombre que dessine l'architecture du fond). Ce découpage permet d'instituer une hiérarchie entre trois régions: le dessous de la table, où se trouvent le chien et le chat, puis l'univers humain du repas, et enfin, au-dessus du mur, la bande plus claire du ciel, dans laquelle se trouvent inscrites la tête du Christ et celle du disciple en prière. On retrouve ici les lignes fondamentales de l'univers humaniste dévot: associer dans le même «Ordre» cosmique l'horizontalité du naturel et la verticalité du surnaturel, définir un espace ontologique hiérarchisé et sans ruptures qui mène de la terre au ciel en passant par le monde animal et le monde humain.

Dans ce cadre ce n'est pas sans raison que la tête du Christ se trouve placée à la base de la colonne centrale qui s'élève vers le ciel, entraînant le tableau dans une dynamique ascendante: le Christ est par excellence le médiateur. Interprétation d'autant plus évidente dans le cas du Titien si l'on songe à sa célèbre «Vierge de la maison Pesaro»[28] où il a placé en plein milieu deux colonnes gigantesques qui se perdent dans le ciel, et disposé à leur base la Vierge et l'Enfant Jésus: il s'agit bien de matérialiser le mouvement de la double médiation christique et mariale[29].

C'est cette association du terrestre et du céleste par le lien de la colonne que ruine le texte-cible en la remplaçant par un schéma fondé sur la «Concentration». Le plus remarquable est sans doute qu'il souligne lui-même cette destruction, exhibant sa trace sous la forme de la colonne antique brisée. Cet élément rompu, *a priori* dysfonctionnel, renvoie donc à la rupture discursive qui a permis la constitution de l'univers auquel appartient le texte-cible. On peut voir là, comme Louis Marin, « une méditation fructueuse sur la fin du monde antique, orgueilleux et périssable »[30] mais ce n'est qu'une possibilité interprétative d'un schème beaucoup plus général; le refus de se placer dans la continuité de l'Antiquité n'est qu'une des conséquences de l'/Altérité/ instituée entre les deux registres du système janséniste, sur les ruines de l'économie intégratrice de l'humanisme dévot. Une fois brisée la colonne médiatrice, qui suppose l'harmonisation par l'« Ordre », tout se trouve reporté vers un point central, le Christ, concentré dans l'hostie.

On comprend ainsi mieux l'ordonnancement divergent des regards relevé plus haut : dans le texte-source les non-chrétiens restent en contact avec le Christ, tandis que dans le texte-cible la servante regarde directement le Christ et se trouve rejetée dans les ténèbres. L'expression de son visage (haine, refus...), son exclusion du cercle de la table, le mouvement centrifuge de son corps qui se détourne, la répartition des ombres la posent en situation d'/Altérité/ violente à l'égard de la lumière du Christ. Il est significatif que dans son commentaire sur le tableau de Titien Jean-Baptiste de Champaigne ait interprété l'attitude de l'aubergiste comme celle de quelqu'un qui « regarde fixement ce qui se fait comme un mystère extraordinaire où il ne comprend rien »[31], alors qu'il ne regarde même pas le geste du Christ et que son expression n'est guère déchiffrable : pour le peintre janséniste il s'agit de souligner une /Altérité/, renforcée par une exclusion sexuelle, là où le texte-source confère la même appartenance sexuelle à tous les personnages, chrétiens et non-chrétiens.

Nous venons de noter l'importance des contrastes de lumière dans le texte janséniste, qui s'appuie essentiellement sur eux. La palette du Titien, en revanche, est très diversifiée; certes, chez lui le ciel est envahi de lumière et le Christ ainsi que la table eucharistique sont plus clairs que le reste, mais cela ne rejette aucun aspect du tableau dans l'ombre, le clair et le sombre étant partout distribués, indépendamment de la position du Christ. Dans le texte-cible il en va tout autrement, puisque l'intensité de la lumière y est liée à la seule proximité du Christ et de l'hostie. Le disciple qui va communier a encore la tête dans l'ombre, celui qui communie est baigné de lumière. On a vu que Jean-Baptiste faisait du cercle de la tête le modèle idéal de toute composition picturale; ici cet idéal est associé à une opposition entre lumière de la Grâce et ténèbres mondaines qui est au cœur du discours janséniste. Il est compréhensible que *le seul ajout* fait au texte-source soit précisément l'auréole du Christ qui contribue à focaliser le tableau, et fonctionne comme une sorte d'indice métatextuel destiné à expliciter la loi qui régit la distribution des lumières et des ombres. On voit quelle nécessité sémantique a poussé Philippe de Champaigne à faire devant l'Académie une conférence nourrie de théologie sur «les ombres» en peinture, qui sont censées «faire une partie très considérable dans les ordonnances»[32].

A travers la réflexion sur la couleur et les ombres se laisse lire un travail sémantique sur les matériaux proprement picturaux qui possède d'exactes répliques dans l'ordre des énoncés. Le XVIIe siècle français tenait Titien pour la référence absolue en matière de coloris; or dans une conférence sur une œuvre religieuse de ce peintre, Philippe de Champaigne, après avoir loué son choix des couleurs, avait critiqué «la correction des figures», l'exactitude de son dessin, qui selon lui laissait à désirer. Critique qui provoqua une querelle dans laquelle Jean-Baptiste eut à intervenir, pour défendre la primauté du dessin et des ombres sur le coloris[33]. Derrière ces controverses on perçoit le refus par l'univers janséniste d'une peinture-idole qui arrêterait l'œil à l'aspect matériel du signe. C'est bien ce que montre la *Logique* de Port-Royal, qui fait du primat du coloris en peinture l'équivalent de la rhétorique trompeuse ou, plus largement de l'attitude de ceux qui s'arrêtent à «l'extérieur», «l'écorce»[34].

Nous n'avons encore rien dit de l'inscription «sociale» des deux textes. Sur ce plan le texte-cible apparaît considérablement tansformé. A la /Diversité/ des âges des personnages, qui forment un «Ordre» cyclique (jeunesse du serveur de gauche/maturité du Christ et des disciples/vieillesse de l'aubergiste) répond l'homogénéité de ceux du texte-cible. Il en va de même pour la /Diversité/ des costumes du premier, opposée à l'homogénéité et à la simplicité de ceux du tableau janséniste. Le contraste entre l'antiquité des costumes du texte-cible et la «contemporanéité» de ceux du texte-source nous renvoie à deux gestions contradictoires de l'historicité de l'Eglise, l'une soumise au principe d'«Ordre», qui se refuse à privilégier la moindre phase du cycle (cf. *supra*, p...), l'autre qui organise la temporalité à partir du point originel qu'est la personne du Christ et sacralise donc l'Eglise primitive. Toutes ces réductions à l'/Unité/ par le tableau-cible ont pour effet d'interdire à l'œil de se fixer sur un détail de l'univers «profane», de l'obliger à se concentrer sur le Christ et son doublet, l'hostie.

D'une manière plus générale, on voit dans le texte-source la volonté d'inscrire la scène religieuse dans le cadre d'une économie domestique, de définir un espace familier de sociabilité; cela se manifeste à la fois par les détails (les objets sur la table, par terre) et par l'attitude du personnel, l'un apportant un plat, l'autre venant converser avec ses clients. Ici le repas garde toute sa valeur conviviale et le Christ vient s'incrire dans cette sociabilité pour la sublimer. Dans le texte-cible, en revanche, il y a nettement abstraction des réseaux d'échanges mondains; rien n'indique le fonctionnement d'une maison, d'un «Ordre», et la servante n'est là que pour des motifs théologiques stricts. La seule relation qui s'établisse est celle qu'institue le Christ avec chacun individuellement par la communion, et il s'agit d'une relation d'/Identité/. Corrélativement, on opposera le paysage de Titien, harmonieux et varié, lumineux, à celui du texte janséniste, sombre et âpre: ils ne supposent pas le même rapport entre l'homme et la nature[35].

La présence de l'écusson sur le mur du texte-source va dans le même sens. Il est peu probable qu'il s'agisse, comme l'indique Jean-Baptiste de Champaigne[36], d'un emblème de Charles Quint, mais on a affaire à une inscription d'une «maison» aristocratique dans le tableau religieux, quoique bien plus discrète que dans beaucoup d'autres œuvres contemporaines. Au-delà de ce détail c'est toute une relation de la peinture dévote aux institutions sociales et politiques qui est en cause. Le tableau du Titien porte la marque de tout un réseau de production et de consommation, avec des commanditaires pris dans une logique du don ostentatoire. Un tel /Mélange/ du profane contemporain et du religieux est inconcevable dans la pratique discursive janséniste, et on s'en rendra d'autant mieux compte au chapitre suivant quand on considèrera son incompatibilité avec l'univers aristocratique.

Mais la transformation la plus manifeste concerne la scène représentée elle-même: l'épisode de la consécration du pain est remplacé par celui de la communion. Un tel traitement de l'histoire des pèlerins d'Emmaüs constitue un fait rarissime, voire unique[37]. Ce déplacement s'inscrit tout à fait dans la ligne du système janséniste; celui-ci dissocie en effet radicalement les registres humain et divin tout en posant l'/Identité/ entre le chrétien et Dieu comme proposition cardinale de son «schéma de base» (cf. *supra*, p...) : de là le rôle crucial des points de passage entre les deux registres qui rendent possible cette /Identité/. Ces points de passage sont essentiellement la Grâce et l'Eucharistie, qui coïncident avec la personne même du Christ, point central de tout le système[38]. La communion avec lui par l'Eucharistie, la concentration symbolique de tout l'être sur cette hostie qu'il s'incorpore, c'est justement ce que donne à voir le texte-cible. Il choisit l'instant où l'identification est sur le point de se produire, où le sujet passe d'un registre à l'autre du système sémantique.

« Le souper d'Emmaüs » apparaît donc exemplaire dans la rigueur de sa conformité aux contraintes de la pratique discursive. Non seulement, pour ruiner l'univers de son Autre il exploite très efficacement les virtualités de l'opération de « Concentration », mais encore il montre une scène qui coïncide avec le point central du discours religieux qui le rend possible, isolant même dans cette scène l'instant où le système bascule sur son axe d'oppositions, passant des ténèbres à la lumière.

Si cette démarche est dans l'ensemble correcte, elle doit permettre, on l'a dit, de donner une assise plus explicite et plus rigoureuse à un certain nombre d'unités « intersémiotiques » durables ou fugaces traditionnellement délimitées par les historiens. Certes, on ne disposera jamais d'un algorithme capable de déterminer l'appartenance de tels textes à telles pratiques discursives, mais on peut raisonnablement se fixer pour objectif de contraindre les critères d'appartenance beaucoup plus étroitement qu'on ne le fait d'habitude. Cela impliquerait en particulier qu'il y ait des appartenances intuitivement évidentes qui puissent être infirmées.

Par exemple, on qualifie souvent Georges de la Tour de « peintre janséniste ». Dans ce type de contextes « janséniste » peut n'être qu'un équivalent d'« austère » et renvoyer à un certain climat religieux, sans spécification supplémentaire. Mais il peut aussi s'agir d'un emploi beaucoup plus strict de ce qualificatif si l'on affirme par là que toute ou partie de l'œuvre de La Tour s'inscrit dans la même unité discursive que les énoncés jansénistes, qu'il existe un processus de traduction généralisée entre les deux ensembles. C'est nettement dans cette dernière perspective que s'est placé M. Serres dans son étude « La Tour traduit Pascal »[39] qui repose toute entière sur cette proposition : « Georges de La Tour illustre les *Pensées*, quasi contemporaines[40] ».

Pour établir la validité d'une telle « traduction » M. Serres n'explicite aucun invariant et commente brillamment la relation posée entre les deux domaines sémiotiques sous quelques rubriques aux contenus les plus variés : « Pierres », « Cordes », « Cire », etc... En dépit de la virtuosité, de la culture, de la subtilité du philosophe on ne peut s'empêcher de penser que la « traduction » a ici cédé le pas à une lecture impressionniste particulièrement raffinée, qui confronte des fragments et non des totalités. En l'absence d'une grille de comparaison contraignante le lecteur peut difficilement évaluer la pertinence de la réversibilité ainsi postulée entre énoncés et tableaux[41]. Qu'il existe des relations intéressantes entre la peinture de La Tour et le discours janséniste, c'est fort possible, mais si l'on ne dispose pas d'une grille de comparaison rien ne permet d'assurer que les traits communs que l'on relève ne sont pas caractéristiques d'une foule d'autres œuvres, contemporaines ou, non. Si on ne spécifie pas la traductibilité on risque de renouer avec la traditionnelle problématique de la weltanschauung, où pour une ère donnée tout peut renvoyer à tout.

Pour notre part nous ne serions guère porté à associer La Tour à l'univers sémantique janséniste, en dépit de l'apparente similitude des climats religieux. En tout cas, le système de contraintes sémantiques exclut une telle association. Nous y verrons un indice plutôt encourageant: dès lors qu'une telle exclusion, concernant une œuvre intuitivement voisine, s'avère possible, c'est que les types de critères que nous utilisons possèdent un pouvoir de spécification relativement élevé.

NOTES

[1] *La distribution*, Ed. de Minuit, 1977, p. 18.
[2] Nous n'avons pas besoin d'intervenir ici dans le débat inauguré par le *Cours de linguistique générale* de Saussure sur les relations entre la sémiologie, science générale des signes, et la linguistique. On le sait, Saussure dit à la fois de la linguistique qu'elle n'est qu'une partie de la sémiologie, et de la sémiologie qu'elle devra se constituer sur le modèle de la linguistique. Dans le cadre plus restreint où nous opérons il n'importe pas de savoir si les domaines sémiotiques autres que linguistique sont passibles des modèles de cette dernière; l'essentiel est que le système de contraintes de la pratique discursive trouve à s'y appliquer.
[3] On aurait une bonne illustration de ce genre de discussions en considérant le cas de Philippe de Champaigne, auxquels certains refusent l'étiquette de «peintre janséniste». Louis Lavalleye, par exemple (*Philippe de Champaigne et l'esthétique janséniste*, Louvain, 1946) pense pouvoir démontrer la non-appartenance de Champaigne au jansénisme en faisant valoir que celui-ci a traité les sujets caractéristiques de la Contre-Réforme; en réalité c'est *le traitement sémantique* qu'il fait subir à ces sujets qu'il faudrait considérer, et non les sujets eux-mêmes. Dans le fil de nos propres hypothèses ce traitement devrait même être étudié en relation avec celui de la peinture humaniste dévote.
[4] Voir *Architecture et pensée scolastique*, Ed. de Minuit, 1967; il s'agit d'une conférence prononcée en 1948 et éditée en 1951 (*Gothic architecture and scholasticism*, Latrobe, The Archabbey Press). La traduction française est suivie d'une «postface» très intéressante de P. Bourdieu.
[5] *Op. cit.*, p. 89.
[6] Il n'est évidemment pas question d'en faire le reproche à Panofsky, qui cherchait uniquement à rendre compte de l'architecture scolastique et s'est contenté de produire le modus operandi qui lui semblait suffisant pour ce

propos. Dans la mesure où de notre côté nous sommes parti d'énoncés nous avons été conduit à opérer avec un système de contraintes plus abstrait et structuré plus précisément; en revanche, quand on part de cathédrales les unités et les relations semblent d'emblée offertes dans l'abstraction.

[7] Pour ne pas créer d'équivoque il convient de préciser tout de suite qu'il existe trois tableaux répondant à ce titre qui aient été produits dans l'atelier de Champaigne. En s'appuyant sur le catalogue monumental de Bernard Dorival (*Philippe de Champaigne*, L. Laget ed., Paris, 1976, 2 vol.) on distinguera
- celui qui vient du monastère de Port-Royal et se trouve au musée de Gand (n° 78 du catalogue);
- celui qui provient du Val-de-Grâce, actuellement au musée d'Angers; peint vers 1656, il constitue le n° 76 du catalogue;
- celui qui sera étudié ici, qui provient de l'église Saint-Leu et Saint-Gilles de Paris, le seul des trois dont l'attribution à Philippe de Champaigne ne soit pas assurée (n° 1665 du catalogue, au musée de Nantes).

[8] C'est l'avis de B. Dorival; c'est aussi ce que semble indiquer la correspondance avec Barcos. On verra que l'analyse interne renforce cette présomption.

[9] Ici encore il y a un risque d'équivoque, car sous le titre «la Cena in Emmaüs» on trouve deux œuvres du Titien:
- la première est signée, date probablement des années 1525-1530; C. Cagli et F. Valcanover (*l'Opera completa di Tiziano*, Rizzoli, Milan, 1969) lui attribuent le n° 134; il se trouve dans la collection du comte de Yarborough;
- la seconde est une copie autographe de la précédente, mais qui comporte de notables variantes. Affecté du n° 201 du catalogue précédent, il daterait des années 1535-1540 (c'est aussi l'avis de Wephey [*Titian*, tome 1, 1969]). Il est visible au musée du Louvre. C'est ce tableau que nous commenterons.

[10] Conférence du 3 octobre 1676, in *Conférences inédites de l'académie royale de peinture et de sculpture*, par A. Fontaine, Paris, 1903, p. 127 et suiv.

[11] Cela peut se montrer par l'analyse des doctrines comme par des données aussi massives que le réseau de la Compagnie de Jésus ou les liens étroits entre les auteurs majeurs de l'humanisme dévot et l'Italie contre-réformiste (songeons en particulier à saint François de Sales ou L. Richeome).

[12] Voir ses *Etudes sémiologiques, Ecritures, Peintures* (Klincksieck, Paris, 1971, p. 127 à 158).

[13] «Parce que le signe est d'abord chose et chose naturelle, le regard ou l'esprit ne le traverse point aussi aisément que la surface invisible du miroir pour rejoindre l'image visible. C'est en cela que le signe, au lieu de représenter le sens, peut le cacher ou encore simultanément le représenter en le cachant et le cacher en le représentant. Mais tout l'effort d'analyse des logiciens de Port-Royal consistera à repérer, délimiter et circonscrire ces zones d'ambiguïté où les signes prolifèrent en liberté...» (L. Marin, *op. cit.*, p. 131).

[14] C'est là une notion clé du discours janséniste, qui définit de cette façon tout objet du «monde» qui prend la place de Dieu. Dans «le Repas chez Simon» de Philippe de Champaigne on trouve une citation de la Bible (Deuteronome, V, 8): «Tu ne feras pas d'image». Placée dans un tableau, cette formule pose le problème de la légitimité de la peinture dans ce discours.

[15] Cité par B. Dorival, *op. cit.*, tome 1, p. 73.

[16] *Correspondance de Martin de Barcos...*, p. 407.

[17] Barcos, *op. cit.*, p. 406.

[18] *Op. cit.*, p. 408, lettre du 12 décembre 1674.

[19] *Op. cit.*, p. 409.

[20] Il s'agit du tableau représentant «la Vierge, l'Enfant Jésus et saint Jean-Baptiste». Cette œuvre avait été critiquée, non dans le même esprit, par Philippe de Champaigne dans une conférence devant l'Académie en 1671 (*Conférences inédites...*, p. 11). C'est dans une autre conférence, du 2 mars 1669, sur un tableau de Raphaël traitant à peu près le même thème que Champaigne avait dénoncé le manque de respect pour la vérité du texte sacré.

[21] Cf. p. 128 : «la peinture n'a guère été portée plus avant que dans ce rare tableau».

[22] Par exemple Philippe de Champaigne avait accroché une copie du Titien dans son atelier, et sur les huit conférences qu'il fit devant l'Académie il en consacra deux à des œuvres de ce peintre («la Mise au tombeau», le 4 juin 1667, et «la Vierge, l'Enfant Jésus et saint Jean-Baptiste» le 12 juin 1671).

[23] La comparaison de L. Marin est excellente, mais elle se situe évidemment dans un tout autre cadre que le nôtre; l'interprétation des différences et des ressemblances diverge donc. En outre, Marin ne s'intéresse qu'au tableau janséniste, alors que c'est le dialogisme qui retient surtout notre attention.

[24] *Op. cit.*, p. 139.

[25] Nous nous inspirons ici de la terminologie de la didactique des langues, qui appelle «langue source» ou «langue de départ» la langue que l'on traduit et «langue cible» ou «langue d'arrivée» celle dans laquelle est traduit le texte.

[26] Nous n'entendons pas ici «hostie» dans le sens restreint qu'il a pris dans la liturgie moderne, mais selon son acception originelle dans l'Eglise de pain consacré dans l'Eucharistie.

[27] *Conférences inédites...*, p. 139 (conférence du 11 avril 1677 sur «la Madeleine du Guide»).

[28] Œuvre réalisée de 1519 à 1526 pour la famille Pesaro; les donateurs y sont représentés, ainsi que leur étendard.

[29] Ces colonnes ont évidemment intrigué les critiques, qui ont parfois produit des interprétations pour le moins légères. Ainsi Marcel Brion (*Titien*, Paris, 1971, p. 120), après avoir écrit : «les deux colonnes posent un problème intéressant car elles semblent peu cohérentes avec la structure générale, et illogiquement associées au complexe architectural», affirme que leur «rôle n'est que de faire passer des lumières et des ombres suivant la marche des nuages»...

[30] *Op. cit.*, p. 140.

[31] *Conférences inédites...*, p. 130.

[32] Conférence du 7 juin 1670 in *Conférences inédites...*, p. 97.

[33] La conférence de Philippe de Champaigne est celle du 12 juin 1671 (*Conférences inédites...*, p. 11); l'intervention de Jean-Baptiste date du 9 janvier 1672. Dans l'analyse qu'avait faite Philippe de Champaigne de la «Mise au tombeau» de Titien (4 juin 1667) on ne peut qu'être frappé par l'importance que le peintre janséniste accorde aux ombres et aux lumières, qui priment manifestement sur les couleurs pour lui (Voir A. Felibien, *Conférences de l'Académie royale de peinture et de sculpture*, Londres, 1705, p. 14 et suiv.)

[34] *La Logique ou l'art de penser*, Flammarion, 1970, p. 339 et 340.

[35] La comparaison des deux paysages mériterait à elle seule d'amples développements, qui seraient hors de propos ici. Sur les paysages de Philippe de Champaigne on lira avec profit les remarques de Louis Marin (*op. cit.*, p. 148 à 156). L'/Altérité/ absolue posée par le discours janséniste entre nature et surnature ne signifie pas la dévalorisation radicale de tout paysage en peinture mais un traitement original de ce paysage qui, au lieu de renvoyer au seul ordre de la nature, est signe désignant une réalité spirituelle au-delà de lui-même. La pratique picturale janséniste n'invente pas un espace ex nihilo, elle

exploite de manière spécifique les contraintes génériques de la peinture de son époque.

[36] Il y voit le symbole de l'Empire d'Occident, la moitié d'un aigle (*Conférences inédites...*, p. 127).

[37] L. Marin (p. 140) dit ne pas en avoir trouvé d'autre exemple dans la photothèque du Wartburg and Courtauld Institute de Londres.

[38] Ce caractère de point central qu'est le Christ a été bien établi par M. Serres dans son ouvrage *le Système de Leibniz et ses modèles mathématiques* (PUF, Paris, 1968, tome 2, p. 696 et suiv.).

[39] *La Traduction*, Paris, 1974, p. 203 et suiv.

[40] On pourrait discuter sur la «contemporanéité» des deux ensembles, La Tour appartenant nettement à la première moitié du XVIIe siècle (1593-1652), mais ce n'est pas une objection pleinement valide : tout dépend de l'invariant que l'on pose entre les deux séries.

[41] Ce qui n'est pas le cas dans la relation qu'établit Serres entre les travaux scientifiques et les écrits religieux de Pascal (*le Système de Leibniz...* tome 2, troisième partie, chapitre 1 : «le Paradigme pascalien»).

Chapitre 7
Un schème de correspondance

Dès qu'on s'intéresse à la mise en relation d'ensembles textuels et de conjonctures historiques on touche immédiatement à la notion d'«idéologie», c'est-à-dire à l'un des points les plus sensibles des sciences humaines, un de ceux où se cristallisent le mieux leurs difficultés. D'un côté on ne parvient pas à se passer de cette notion (ou de ses avatars terminologiques), de l'autre on ne dispose pas de schématisation satisfaisante de son fonctionnement. On s'accorde en général pour reconnaître que les formulations de Marx et d'Engels n'ont rien de bien éclairant et on ne sait trop comment penser cette fameuse «articulation» de deux instances supposées face à face: forces productives et classes sociales, d'une part, idéologie de l'autre. L'«école française d'analyse du discours» a laissé cette question pratiquement au point mort; comme le notait lucidement une de ses praticiennes, «si une théorie de l'articulation de la pratique discursive à l'ensemble de la formation sociale est nécessaire, disons-le tout net, à ce jour une telle théorie n'existe pas»[1].

Notre propos dans ce domaine ne pourra donc qu'être modeste. Nous avons mis en évidence une connexité sémantique entre fonctionnement institutionnel et fonctionnement discursif, mais nous ne disposons pas d'une théorie d'ensemble de l'inscription socio-historique des discours. Dans ce chapitre nous allons essayer de verser de nouveaux résultats au dossier en considérant les relations qu'on peut établir entre les systèmes de contraintes et des séries extérieures à leur champ; ce faisant, nous ferons preuve d'un certain agnosticisme en ce qui concerne la définition d'un cadre théorique capable d'intégrer ces diverses réflexions. Nous nous contenterons d'un minimum conceptuel pour penser ces relations avec un « extérieur » du champ, parlant seulement d'« isomorphismes »[2] entre les structures. La formation discursive ne sera donc plus appréhendée dans son association avec un certain champ, mais comme un *schème de correspondance*, pour reprendre le terme de M. Foucault.

Toutefois, si nous ne reconduirons aucune théorie constituée, nous ne pouvons nous satisfaire pour autant d'une indétermination absolue; il va de soi qu'à nos yeux une théorie valide devra faire une place aux résultats avancés ici, et en particulier au fait que c'est avant tout par le système de contraintes sémantiques que doit passer l'inscription des pratiques discursives dans leurs conjonctures historiques.

I

Si on voulait formuler la visée de notre démarche dans les termes de M. Bakhtine[3] on pourrait dire qu'elle cherche à dépasser l'alternative entre «formalisme» et «idéologisme». L'attitude formaliste face à un discours consiste à voir en lui une structure autarcique, tandis que l'attitude idéologiste, se refusant à l'aborder comme une structure spécifique, en fait une collection d'éléments de sens que l'on pourrait extraire du texte pour les mettre immédiatement en relation avec une conjoncture socio-historique. Dans le cas du texte littéraire, par exemple, Bakhtine récuse donc «ces pseudo-sociologues prêts à projeter n'importe quel élément structural de l'œuvre littéraire — par exemple le personnage ou l'intrigue — directement sur la vie réelle»[4].

Mais tel qu'il se présente pour le moment notre travail semble s'inscrire plutôt dans une perspective «formaliste», en dépit de ce qui a été avancé sur l'énonciation et la dynamique institutionnelle: après avoir construit une sémantique globale pour la pratique discursive ne serions-nous pas dans l'impossibilité d'en sortir pour l'articuler sur l'histoire?

On remarquera toutefois que le seul fait de poser la primauté de l'interdiscursif affecte déjà notablement le caractère autarcique du modèle sémantique, puisqu'on n'a plus affaire à des objets clos et compacts, mais à un espace de circulation sémantique articulé sur une discontinuité fondatrice. Cette discontinuité, source de l'interincompréhension, ne peut que renvoyer à des ruptures dont le discours en lui-même ne saurait rendre raison. Ainsi, même si l'analyse de l'espace discursif ne va pas au-delà d'une étude immanente la structure de son objet exige son dépassement.

Le problème qui, d'une manière plus générale, est posé, c'est celui de ce qu'on pourrait très approximativement appeler les «discours abstraits». Nous entendons par là ce type de productions (littéraires, philosophiques, religieuses, picturales, musicales, etc...) qui, intuitivement, paraissent se déployer sans lien immédiatement assignable avec des situations sociales, historiques strictement délimitées.

Il n'est pas très surprenant que les historiens traditionnels en quête de textes «significatifs» d'une époque, d'une société, d'un groupe, etc... donnés se tournent de préférence vers des types de textes dont la valeur de témoignage leur apparaît beaucoup plus évidente: programmes électoraux, tracts, testaments, mémoires, règlements administratifs... Dès qu'ils sont confrontés à des discours «abstraits» ils sont la plupart du temps contraints d'opérer une sorte de filtrage informel qui leur permet de ne retenir que les faits de toute nature (prélevés dans les œuvres, la biographie des auteurs, le contexte social de la production...) qui leur semblent avoir un répondant direct dans la réalité sociale contemporaine. Ce «filtrage» interdit par définition d'envisager les discours dans leur ordre propre et correspond assez bien à l'approche «idéologiste» dénoncée par Bakhtine. Tout se passe comme si les textes, qu'il s'agisse d'énoncés, de tableaux, d'œuvres musicales, etc..., pouvaient être considérés comme des «documents», immédiatement lisibles, comme si on pouvait se dispenser de les appréhender comme des structures textuelles d'un certain type.

Sous la pression des présupposés et des méthodologies inspirés de l'analyse structurale on a pris l'habitude d'affiner quelque peu cette herméneutique sauvage en recourant à des similitudes «formelles» entre les deux ordres de phénomènes qu'on voulait mettre en relation: ainsi a-t-on pu confronter telle hiérarchie ontologique produite par un système philosophique et telle hiérarchie sociale qui lui est contemporaine... De telles similitudes sont indéniablement intéressantes, mais on ne peut pas dire qu'elles atteignent le fonctionnement effectif du discours dans sa globalité: la plus grande partie de la surface discursive demeure ininterprétable et l'on n'a pas appréhendé globalement le discours en lui assignant ainsi un répondant.

Dans ces conditions l'essentiel du texte reste l'apanage des «spécialistes» érudits. Entre eux et les historiens traditionnels s'était établie une espèce de complémentarité, qui garantissait tacitement la chasse gardée de chacun. Partage tout à fait logique si l'on songe que le spécialiste exploite au mieux ce qui n'est guère utilisable par l'historien, et réciproquement. La tendance constante du spécialiste, ce n'est pas d'inscrire le texte qu'il étudie dans les limites contraignantes de quelque conjoncture, communauté, région..., mais de circuler en virtuose dans l'intertexte pour l'étude duquel il se considère habilité; par la vertu des «emprunts», des «filiations» explicites ou obscures, des «retours», des «gestes prophétiques»... il sillonne en tous sens des chronologies plurisiculaires, voire plurimillénaires, passe d'une aire culturelle, d'un continent à un autre, s'attachant tantôt à retrouver partout la grande nappe du Même, tantôt à particulariser à l'infini pour ne laisser apparaître que des singularités irréductibles.

Les analyses d'inspiration structuraliste ont considérablement modifié la manière d'étudier la discursivité, mais force est de reconnaître que n'a pas été suffisamment remise en question la distribution effective des tâches entre historien et spécialiste. Les «analystes du discours»[5] se sont intéressé surtout à des corpus en prise relativement immédiate sur le contexte historique, prélevés pour l'essentiel dans le discours politique, tandis que les spécialistes ont eu tendance à pratiquer sur les discours abstraits des études formalistes soucieuses de préserver la clôture du texte. Au lieu de circuler librement dans un espace illimité de filiations et d'influences, de comparer sans aucune contrainte des éléments très éloignés, ils ont démonté des machineries sophistiquées. Ce qui est ainsi conservé de la situation antérieure, c'est le partage opéré entre des ensembles textuels supposés ouverts sur des conditions de production et d'autres dont la structure serait trop complexe, la signification trop riche pour qu'ils soient passibles du même sort. Alors que les uns se tournent vers des «œuvres» relevant de corpus prestigieux de discours abstraits, les autres recherchent plutôt des corpus vastes, aux articulations simples, au plus près d'une inscription socio-historique. Ainsi, en dépit d'une commune référence aux méthodologies structurales ces deux voies heuristiques se recoupent finalement assez peu.

Le recours à une sémantique globale de la pratique discursive nous semble permettre d'échapper à cette distribution préjudiciable des rôles. Comparé aux commentaires traditionnels fondés sur un «filtrage» des éléments pertinents, ou même à la mise en évidence de «similitudes» formelles, nul doute que ce passage par un système de containtes, une formation discursive n'apparaîtra un détour coûteux. Mais c'est le prix à payer pour pouvoir penser de manière moins triviale la relation des discours abstraits à leurs conditions de production. En effet, puisque c'est l'ensemble du discours considéré dans l'irréductible diversité de ses plans qui relève du système de contraintes, il suffit que soit définissable une relation intéressante entre ce dernier et sa conjoncture historique pour que l'ensemble de la surface discursive correspondante soit partie prenante dans cette relation. On évite ainsi de distinguer deux types de constituants dans les textes: ceux qui seraient liés à un contexte socio-historique défini et ceux qui, d'une certaine manière, le transcenderaient. Au lieu de réfléchir sur des unités superficielles à l'interprétation évidente ou obscure on opère directement au niveau des articulations fondamentales qui les rendent possibles.

II

L'analyse du système de contraintes globales du discours janséniste a montré que celui-ci se trouve entièrement organisé autour d'une opération de «concentration», c'est-à-dire d'un dynamisme centripète, d'une polarisation sur des *points* privilégiés coïncidant eux-mêmes idéalement avec un *Point* absolu, «Dieu». Or il semble possible de définir ici un isomorphisme avec des ensembles discursifs apparemment tout à fait éloignés de la littérature dévote. Cet «éloignement» rend d'autant plus intéressante la relation ainsi établie.

Il se trouve en effet que sur des bases parfaitement indépendantes des nôtres Michel Serres a montré que l'ensemble des sciences de l'époque classique, qui se constituent en même temps que le discours janséniste, s'organisaient précisément autour de la question du *point fixe*, posé comme référentiel. Le philosophe résume en ces termes ses conclusions :

> J'ai montré autrefois ou, du moins, j'ai cru le faire, qu'à l'âge classique, les sciences, temporairement définitives ou encore aventurées, ont exprimé chacune en sa région, dans sa langue et par ses moyens autochtones, un thème unique (...) Entre des limites historiques assez flottantes, le thème est partout présent, efficace, répété : il est la science classique. Non son géométral, mais son invariant. Il s'agit du *point fixe* et du *référentiel*... D'où le bilan, désordonné comme les aléas de l'histoire et les constellations de la langue, mais groupés autour d'un centre ou d'une concentration. Bilan, balance fléchissant par son point d'appui : Roberval. Balancier de l'horloge, temps, pesanteur, harmonie, inquiétude : Huyghens. Statique du point le plus bas, Pascal et les liqueurs. Descartes et les machines simples, leviers, poulies, et polispastes, technologie du point d'assiette par qui l'efficace est donné. Mécanique des centres de grandeur, de ceux de gravité : Leibniz et Bernoulli récupèrent Archimède. Les géomètres de l'ellipse et des sections coniques retrouvent Apollonius, les centres et les foyers. Desargues écrit la métaphysique de l'affaire et remonte, comme Képler, au sommet du cône lui-même...[6]

On aura sans doute noté l'allusion faite dans cet extrait aux travaux physiques de Pascal. Dans son ouvrage sur le *Système de Leibniz et ses modèles mathématiques* M. Serres s'était déjà attaché à montrer que dans «la totalité des recherches strictement scientifiques de Pascal: géométrie, arithmétique, calcul infinitésimal, physique, mécanique» on pouvait mettre en évidence

> la présence d'un thème constant, traduit diversement selon la région considérée: qu'il soit site perspectif, cellule centrale d'un carré magique, point d'appui d'une balance, centre de gravité d'un corps, condition de repos d'un système, il y a toujours un *point privilégié de l'espace autour duquel s'organise* le problème, s'ordonnent les lois, se déterminent le mouvement, le repos, l'équilibre, se répartissent les poids, les forces, les mesures ou les nombres[7].

La double appartenance de Pascal, à la fois auteur janséniste de premier plan et l'un des fondateurs de la science classique, ne fait que renforcer la vraisemblance de l'hypothèse selon laquelle ils existerait un isomorphisme entre le discours dévot janséniste et les discours scientifiques contemporains. La vulgate pascalienne a accrédité l'idée que l'auteur des *Pensées* aurait «exporté» ses modèles scientifiques dans ses écrits proprement religieux, et M. Serres la confirme encore: «Initiateur de méthodes originales en géométrie, arithmétique, calcul et mécanique, Pascal les transpose et les utilise visiblement dans la construction de son monde métaphysique et religieux»[8]. En fait, dans notre perspective, il ne sert de rien de se demander qui du religieux ou du scientifique est premier: le discours pascalien est pensable en deçà de cette différenciation et se déploie simultanément sur les deux plans tout au long de sa carrière. On comprend d'autant mieux l'intensité de la contradiction dans laquelle il s'est trouvé pris, puisque ces deux pratiques s'excluaient mutuellement[9] tout en ayant les mêmes conditions de possibilité. Il apparaissait aussi impossible de renoncer aux recherches scientifiques que de s'y consacrer pleinement.

Si cette démarche nous conduit à mettre en évidence un isomorphisme entre *un* discours dévot et un discours scientifique contemporain, nous n'affirmons pas pour autant que tous les discours dévots et tous les discours sur l'Univers tenus à cette époque soient pris dans cette relation. Ni d'un côté ni de l'autre il ne saurait y avoir de monopole énonciatif, bien au contraire. En fait, nous ne confrontons que des discours *dominants* dans les deux champs : il est assez compréhensible que la relation aille d'une dominance à une autre.

Etant donné le caractère interdiscursif de notre cadre de réflexion, il convient de ne pas envisager le seul discours janséniste, mais le couple qu'il forme avec l'humanisme dévot. Or on peut difficilement éviter de lire dans ce conflit le pendant de la transformation des représentations cosmologiques que suppose la naissance de la science classique. Au-delà de l'espace discursif religieux on pourrait lire le passage d'une cosmologie traditionnelle héritée de l'Antiquité à un nouveau modèle de l'Univers. D'une part le schéma d'un «Ordre» harmonieux, d'un Cosmos fini conçu comme un ensemble différencié de lieux hiérarchisés, de l'autre un Univers infini, sans hiérarchie naturelle, homogène, celui qui rend possible la physique mathématique. Le discours janséniste se construirait donc contre le modèle du «grand Livre du Monde», contre une ultime tentative du discours dévot pour se fonder sur une cosmologie à valeur religieuse.

A. Koyré résume bien cette transformation du «monde clos» en un «univers infini»; selon lui elle implique

a) la destruction du monde conçu comme un tout fini et bien ordonné, dans lequel la structure spatiale incarnait une hiérarchie de valeur et de perfection, monde dans lequel «au-dessus» de la Terre lourde et opaque, centre de la région sublunaire du changement et de la corruption, «s'élevaient» les sphères célestes des astres impondérables, incorruptibles et lumineux, et la substitution à celui-ci d'un Univers indéfini, et même infini, ne comportant plus aucune hiérarchie naturelle et uni seulement par l'identité des lois qui le régissent dans toutes ses parties, ainsi que par celles de ses composants ultimes placés tous au même niveau ontologique;

b) le remplacement de la conception aristotélicienne de l'espace, ensemble différencié de lieux intramondains, par celle de l'espace de la géométrie euclidienne — extension homogène et nécessairement infinie — désormais considérée comme identique, en sa structure, avec l'espace réel de l'Univers[10].

On voit clairement comment la répartition sémantique qu'opère Koyré recoupe l'essentiel du conflit entre les catégories de nos deux formations discursives. Se consommerait ainsi d'un discours à l'autre une dissociation radicale entre l'univers sacré et l'univers de la nature, renvoyé à la seule juridiction de la science dès lors qu'il n'est plus le siège d'aucune valeur, n'atteste plus la présence du divin. Alors que le discours humaniste dévot pose pour unité de base un «Ordre» théophanique intégrateur, le discours janséniste cherche à définir un Dieu-Point qui n'a de relation avec l'espace mondain qu'à travers la figure paradoxale du Christ.

Mais en France ce milieu du XVIIe siècle ne constitue pas un tournant seulement dans le domaine cosmologique; il correspond également à une phase de crise sociale et politique grave, la Fronde, aboutissement d'une transformation dont la conséquence la plus visible a été l'affaiblissement considérable du pouvoir de la noblesse et un renforcement sans précédent de l'absolutisme monarchique. Il ne serait pas étonnant qu'on puisse à ce niveau établir une corrélation avec l'espace discursif religieux.

A priori une simple lecture superficielle des textes semble aller dans ce sens. Les écrits humanistes s'inscrivent constamment dans un cadre proaristocratique: non seulement les milieux nobles sont ses destinataires privilégiés, mais encore ils s'emploient à justifier de diverses manières les valeurs aristocratiques («gloire» personnelle, honneur de la maison, amour courtois,...), celles-là même qu'exalte à la même époque le théâtre cornélien. En outre, leur imaginaire politique et économique se fonde presque exclusivement sur la référence à une économie rurale et aux hiérarchies féodales. Quant au lien entre théorie moliniste de la Grâce divine et idéologie aristocratique, il a été maintes fois mis en évidence[11].

Les productions jansénistes, en revanche, font de la déconstruction radicale de l'orgueil aristocratique un de leurs sujets de prédilection, en s'appuyant en particulier sur la fameuse théorie de l'«amour-propre»[12], identifié avec le Péché Originel. Il suffit d'ailleurs de songer aux implications politiques du renoncement janséniste au «monde» (indissolublement monde du péché et «grand monde»), à ce que peut signifier le «désert» de Port-Royal face aux fastes de la Cour. Ce sont là des choses si évidentes qu'on a depuis longtemps lié le jansénisme à une idéologie fondamentalement bourgeoise[13], en apportant à l'appui de cette thèse de multiples données historiques.

Le détour par le système de contraintes sémantiques globales doit nous permettre de dépasser la lecture superficielle des textes; on peut en effet raisonnablement penser qu'il existe un lien privilégié entre la notion d'«Ordre» qui cimente le discours humaniste dévot et une schématisation politique de type féodal.

L'organisation sociale y est appréhendée comme un réseau diversifié de multiples «Ordres», qui sont autant de communautés naturelles, de réseaux d'alliances locales hiérarchisés (systèmes de vassalité, familles, lignages, villages, provinces, corporations, etc...) qui assignent à chacun une place, un «état», une «condition», point d'entrecroisement de multiples dépendances. Chaque « Ordre » représente un réseau de positions hiérarchisées qui impose à chacun l'observance d'un ensemble déterminé de devoirs, le droit de réclamer certaines protections, etc... Ce principe d'« Ordre » vaut d'ailleurs aussi bien pour le monde intérieur : il existe des sentiments « élevés », d'autres « vils » et ceux qui occupent une position élevée sont naturellement voués à promouvoir les premiers. Tout cet entrelacs d'organisations locales hiérarchisées trouve un modèle de légitimation dans sa supposée similitude avec l'ordonnancement du Cosmos créé et géré par Dieu.

En se constituant contre le discours humaniste le discours janséniste ruine ses soubassements sémantiques. La substitution du « Point » à l'« Ordre » peut se lire sur le plan des schématisations politiques à deux niveaux complémentaires :

— On peut y lire un transfert des multiples pouvoirs féodaux répartis dans les réseaux d'« Ordres » sur un point unique, la place qu'occupe le Roi, qui « concentre » précisément le pouvoir autour de sa personne.

— On est également en droit de voir dans ce changement des unités de base le passage d'une structure dans laquelle l'individu est inscrit dans des « Ordres » qui lui assignent sa place à une structure pour laquelle l'individu est la seule unité pertinente. Il n'y a donc plus qu'un ensemble de points équivalents, sujets politiques ou consciences religieuses, confrontés à un Point absolu, le Roi ou Dieu.

De manière beaucoup moins spécifiée on retrouve ici un distinction classique entre conscience aristocratique et conscience bourgeoise, telle qu'on la trouve exprimée par exemple chez Tocqueville :

> Les classes étant fort distinctes et immobiles dans le sein d'un peuple aristocratique, chacune d'elles devient pour celui qui en fait partie une

sorte de petite patrie, plus visible et plus chère que la grande.

Comme, dans les sociétés aristocratiques, tous les citoyens sont placés à poste fixe, les uns au-dessus des autres, il en résulte encore que chacun d'entre eux aperçoit toujours plus haut que lui un homme dont la protection lui est nécessaire, et plus bas il en découvre un autre dont il peut réclamer le concours (...).

A mesure que les conditions s'égalisent il se rencontre un plus grand nombre d'individus qui, n'étant plus assez riches ni assez puissants pour exercer une grande influence sur le sort de leurs semblables ont acquis cependant ou ont conservé assez de lumières et de biens pour pouvoir se suffire à eux-mêmes. Ceux-là ne doivent rien à personne, ils n'attendent pour ainsi dire rien de personne; ils s'habituent à se considérer toujours isolément, ils se figurent volontiers que leur destinée tout entière est entre leurs mains[14].

Quand on considère les deux types de discours ainsi opposés il apparaît donc nettement une divergence entre un système à visée intégratrice de l'individualité dans une totalité (politique, physique) et un système qui fait de la concentration sur soi le moyen d'échapper à une telle intégration. La notion d'«Ordre» fait du registre humain un niveau spécifique du Cosmos, en correspondance avec les autres: la légitimité de chacun est fondée aussitôt qu'est connue la place qu'il occupe dans le cosmos. Dans le système janséniste, en revanche, la fonction de «concentration» et la disjonction radicale du religieux et du naturel ont un double rôle: d'une part elles prennent acte du bouleversement des représentations du monde cosmique et politique et dessinent un mouvement de *repli* pour s'appuyer sur un point de repère stable; d'autre part elles fonctionnent comme forces de *destruction* des idéologies aristocratiques, affirmation d'une nouvelle forme de subjectivité, saisie dans son rapport à la nature et à la société.

Les deux isomorphismes ainsi mis en place recoupent largement les conclusions du célèbre Dieu caché de Lucien Goldmann, consacré précisément à l'étude de la «vision du monde» janséniste. Pour Goldmann, cette dernière supposerait un « tournant qualitatif », lié à la suppression par le rationalisme « de deux concepts étroitement liés, ceux de *communauté* et d'*univers* », remplacés par deux autres, « *l'individu raisonnable* et *l'espace infini* »[15]. Ainsi, « privé de l'univers physique et de la communauté humaine, ses seuls moyens de communication avec l'homme, Dieu qui ne pouvait plus lui parler avait quitté le monde »[16].

A vrai dire, il n'est pas très surprenant qu'à ce niveau de généralité il y ait convergence entre deux démarches si distinctes. Pour nous l'essentiel est de fonder une sémantique d'une pratique discursive, alors que Goldmann s'intéresse à des « visions du monde » (« ensemble d'aspirations, de sentiments et d'idées qui réunit les membres d'un groupe (le plus souvent une classe sociale) et les oppose aux autres groupes »). Ce qui frappe aujourd'hui quand on lit l'ouvrage de Goldmann, c'est le déséquilibre entre une théorie de l'idéologie qui, sous un habillage « structuraliste » assez élémentaire, représente une variante à peine affinée de la théorie du « reflet », et une analyse remarquablement pénétrante de la pensée janséniste, analyse dont la pertinence doit fort peu aux prises de position sur l'idéologie qui sont censées la fonder.

III

Les isomorphismes avec le cosmologique et le politique que nous avons établis ne supposent nullement la figure totalisante de quelque « mentalité » ou « vision du monde » coïncidant avec l'« esprit » de toute une époque. De telles totalisations de l'ensemble des pratiques d'une ère historique ne permettent pas de rendre compte de la complexité des situations historiques ; elles servent surtout à éviter une confrontation entre un « Esprit » universel et des conjonctures historiques particulières, par la définition de «consciences» collectives spécifiques de l'ensemble d'une époque.

Même si elle se veut à sa façon «globale» la sémantique d'une pratique discursive ne suppose donc pas, comme dans la perspective de l'idéalisme allemand du XIXe siècle, l'existence d'une «idée» fondamentale qui permettrait d'inscrire l'espace discursif dans le cheminement de l'histoire universelle : il ne sera donc pas question de dire que la première moitié du XVIIe siècle s'organise autour de l'idée d'«Ordre» et la seconde autour de celle de «Concentration». Outre que ces deux termes ne sont pas des «idées», mais des opérateurs dans des systèmes de contraintes sémantiques, les pratiques discursives dont ils contribuent à rendre compte ne détiennent pas un monopole énonciatif. Définir des isomorphismes, ce n'est pas affirmer leur exclusivité. Après tout il s'en faut de beaucoup que tous les tenants de la science classique fussent jansénistes... L'exigence que l'on doit poser est plus faible : un discours dominant dans le champ doit être associé à des isomorphismes capables de justifier sa domination.

Le nœud de cette difficulté nous semble résider dans la conception que l'on peut avoir de la notion d'isomorphisme. Si par là on entend une similitude formelle détaillée entre les discours de champs distincts, alors il ne saurait y avoir entre deux champs qu'un seul isomorphisme possible, puisqu'il est exclu que deux discours d'un même champ soient tous deux isomorphes d'un autre situé dans un champ distinct. Or il serait déraisonnable d'affirmer que le discours humaniste dévot soit le seul compatible avec la cosmologie de la Renaissance qu'il présuppose ou que le discours janséniste soit le seul à prendre acte de l'émergence de l'absolutisme monarchique.

Il faut donc rejeter cette conception d'une similitude de détail; c'est d'ailleurs ce que nous faisons depuis le début de ce chapitre en définissant la relation à un niveau beaucoup plus abstrait, celui des «schèmes constructeurs», pour reprendre l'expression de Humboldt et non celui des structures constituées. Il serait dès lors plus pertinent d'ouvrir la possibilité d'une *famille* d'isomorphismes, distincts donc mais apparentés. La définition d'un point fixe, qui d'après Serres constituerait le dénominateur commun de la science classique, peut s'accommoder d'exploitations sémantiques variées, au-delà de celle qu'opère le discours janséniste. Ce dernier, on l'a vu, envisage le point essentiellement comme point de concentration, voué à résorber en lui tout ce qui se polarise sur lui, seul nécessaire. Mais rien n'empêche d'imaginer, par exemple, qu'on fasse de ce point de référence une sorte de centre de gravité qui ferait converger vers lui les forces d'un système sans les annuler pour autant. On pourrait tout aussi bien combiner, comme le fait le néo-platonisme, le retour vers un centre avec une organisation hiérarchique...

Jusqu'ici nous raisonnons comme s'il existait plusieurs discours religieux et un seul discours scientifique et comme si le religieux était second par rapport aux représentations cosmologiques. En fait, rien n'interdit de produire la même hypothèse en sens inverse: il y aurait une famille de discours scientifiques compatibles avec la référence privilégiée à un point et l'on pourrait imaginer de multiples couplages entre les deux champs ainsi mis en relation. En outre, il n'y a pas de raison déterminante qui contraigne à définir l'antériorité d'un champ sur l'autre et cette relation pourrait être conçue comme une interaction généralisée dont l'origine serait indécidable. C'est d'ailleurs, on le sait, la conviction de Michel Serres que la séparation radicale des champs est illusoire, ou, pour mieux dire, que la seule réalité des discours, c'est l'interférence, la traduction, etc...

Ainsi la science et le mythe s'interpénètreraient-ils :

> Il s'agit à peu près d'un théorème : il n'y a de mythe pur que le savoir pur de tout mythe. Je n'en connais point d'autres, tant les mythes sont pleins de savoir et le savoir de rêves et d'illusions[17].

Sous une forme moins spéculative l'histoire des sciences s'est intéressée aux liens étroits qui se nouent entre l'invention scientifique et les présupposés «métaphysiques»; on connaît les travaux d'A. Koyré sur Galilée et, plus récemment, ceux de G. Holton[18], qui nomme «themata» ces cadres implicites et impérieux qui gouvernent la construction des théories.

Pour peu qu'on fasse intervenir les relations entre plus de deux termes, comme nous l'avons fait pour le politique, le religieux et le cosmologique, la variété des structures possibles apparaît fort grande, avec toutes les solutions de compromis que celle-ci autorise par ailleurs.

Dans ce genre de problématiques on se trouve constamment pris entre deux feux. Il y a d'un côté ceux qui, tels Michel Serres, ont tendance à tracer des isomorphismes ouverts sur la totalité des régions d'une aire culturelle, sans se préoccuper outre mesure d'évaluer exactement le sens et la portée des relations qu'ils établissent. De l'autre, il y a ceux qui, comme Michel Foucault dans *l'Archéologie du savoir*, déclarent ne dessiner que des isomorphismes strictement locaux et exclure tout accès à une forme de totalisation :

> L'archéologie : une analyse comparative qui n'est pas destinée à réduire la diversité des discours et à dessiner l'unité qui doit les totaliser, mais qui est destinée à répartir leur diversité dans des figures différentes. La comparaison archéologique n'a pas un effet unificateur, mais multiplicateur[19].

Peut-être faut-il voir là une manifestation de ce que

V. Descombes appelle « la conjonction dans la même tête d'un positivisme et d'un nihilisme » :

d'une part, toute affirmation de Foucault s'entoure d'un formidable appareil critique...; mais d'autre part, on pourrait avec les mêmes données construire d'autres récits, et Foucault est le premier à jouer avec ces possibilités[20].

Mais peut-être cette position extrême est-elle simplement un effet du discours philosophique; Serres et Foucault rencontrent la discursivité en philosophes et non en analystes de textes. Pour eux l'essentiel est de prendre position dans le champ philosophique : Foucault en récusant toute forme d'hégélianisme par sa critique de la « weltanschauung », et Serres en s'attaquant, en bon leibnizien, à tout ce qui pourrait insulariser les régions du savoir et empêcher d'« élaborer un type de pensée décentrée, non référenciée, où l'essentiel n'est pas de se frayer un chemin vers un ancrage supposé »[21].

En revanche, quand on aborde ce problème en analyste soucieux d'appréhender des fonctionnements discursifs on est condamné à des positions moins tranchées. On ne peut pas se proposer pour but de ramener à l'unité tous les discours d'une époque grâce à un invariant structural qui soit suffisamment vague pour s'accommoder à tous sans spécifier leur hétérogénéité, ni d'inscrire indifféremment la même formation discursive dans une liste ouverte d'isomorphismes, tous valides au même titre. Pour nous à un moment donné un discours n'est pas susceptible d'entrer également en relation avec n'importe quel autre et c'est cela qui définit sa spécificité et celle de cette conjoncture. La difficulté consiste à préserver la variété et la fluidité des mises en rapport possibles sans altérer l'identité des formations discursives, limite et condition de possibilité de notre démarche.

IV

Comme le double isomorphisme dégagé plus haut porte sur les systèmes de contraintes des discours dévots il n'est plus besoin de spécifier pour chaque texte de la surface une interprétation cosmologique ou socio-politique. Dans un tel cadre cela n'a pas grand intérêt de relever çà et là des «interférences», entre politique et religion par exemple : loin d'être des accidents qui surviendraient de l'extérieur du discours pour en altérer l'homogénéité, ces hétérogénéités apparentes ne sont que la manifestation locale d'un fait structural qui est à la racine même du discours. En ce sens on peut dire que ce dernier est *de part en part politique*. De même, il n'est nul besoin qu'un texte humaniste dévot ou janséniste traite de cosmologie pour qu'on puisse lui affecter une telle interprétation. Ce n'est pas tel détail du *Souper d'Emmaüs* ou telle comparaison avec le discours scientifique dans les textes religieux de Pascal qui renvoient à une certaine organisation de l'Univers, mais l'ensemble du texte en ce qu'il se déploie sur un certain système de contraintes. Les jansénistes extrémistes ont beau rejeter toute préoccupation cosmologique pour se tourner vers le seul monde intérieur, leur discours possède une valeur cosmologique indéniable. Bon gré mal gré l'énonciation dévote suppose tacitement une configuration déterminée des savoirs et de la société, non pas tant comme le lieu où cette configuration viendrait se «projeter» que par des schèmes constructeurs qui sont le corrélat de positions dans les espaces conflictuels de discours.

Par ce biais on est davantage en mesure de penser la possibilité qu'ont les discours «abstraits» de se développer dans leur ordre propre tout en étant globalement commensurables avec des séries d'un fonctionnement très différent. Quand Michel Serres met en relation la fable de La Fontaine «le Loup et l'agneau»[22] avec la mathesis cartésienne pour y lire «une fable de Descartes»[23] on est en droit de s'interroger, au-delà de l'extraordinaire virtuosité de l'exercice, sur le statut exact de cette mise en relation. En effet, écrire :

> On voit ici la perfection algébrique du texte appelé Fable et le déguisement avantageux, la mise en scène, l'affabulation apprêtée du texte dit Méditation[24],

c'est élider ce fait qu'une fable n'est pas un traité d'algèbre ou un ouvrage de métaphysique. Le problème est de savoir de quelle façon l'algèbre peut advenir à la structure des fables. Sur ce point une prise en compte du discours des «Fables» de La Fontaine dans son ensemble permettrait seule de confronter les deux termes de la relation sans annuler l'un au profit de l'autre, ou l'un par l'autre au profit d'un Métadiscours dont on ne voit pas bien quelle instance pourrait le supporter.

Même si on accorde une part considérable à la diversité des combinaisons possibles, à la variété des types de discours, à l'hétérogénéité des champs, l'établissement de tels isomorphismes va une fois de plus dans le sens d'une restriction; après avoir contraint le mode de constitution des formations discursives et la richesse sémantique des systèmes de contraintes nous aboutissons à restreindre la variété des structures de sens pour une époque donnée puisque le modèle de l'espace discursif a pu être associé à des transformations majeures des schématisations de l'Univers et de la société. Comme nous l'avons déjà suggéré, cette réduction drastique de la sémantique permet non seulement de définir les limites d'un certain horizon du dicible, mais aussi de penser la «réussite» de telles formations discursives dévotes, le fait qu'elles aient pu accéder à un rôle dominant dans leur champ[25]. Remarque tout à fait triviale au demeurant que d'avancer que le caractère d'«évidence» qu'un discours semble posséder pour une majorité de gens dans un champ et à un moment déterminés est lié au fait que ce discours repose sur des schèmes qui organisent par ailleurs un rapport diversifié au réel. On pourrait alors prédire qu'un champ idéologique dominé, et *a fortiori* un discours dominé d'un champ dominé, ne sont pas soumis à la même exigence d'isomorphisme généralisé.

On a une bonne illustration de cette dernière proposition quand on considère la réédition de nombreux ouvrages humanistes dévots au XIXe siècle. Ces livres, après être tombés dans le discrédit lors de l'avènement du jansénisme, ont été republiés avec une régularité et une densité certaines entre 1830 et 1870[26]. Au prix de quelques changements de titre parfois et d'une modernisation occasionnelle de la syntaxe ou du vocabulaire on a vendu sous forme de publications bon marché tout un stock de textes qu'on aurait pu croire obsolète, puisqu'il avait été conçu pour un public de quelque deux siècles antérieur. Si un tel réemploi s'est avéré possible, c'est parce qu'à cette époque le catholicisme ne jouait plus le rôle d'instance idéologique dominante et avait donc la possibilité de diffuser des textes qui s'appuyaient explicitement sur une cosmologie archaïque, et même totalement anachronique.

Ce décalage notoire était cependant compensé par la réalité d'une inscription sociale. La conception d'un univers d'«Ordre» où chacun est à sa place pouvait trouver un certain répondant à l'intérieur d'une société où les hiérarchies bourgeoises étaient hantées par le spectre du désordre social; mais surtout l'aristocratie traditionnelle représentait un support essentiel du catholicisme dans une France où la population rurale était encore largement majoritaire. C'était là un public naturellement perméable aux conceptions anciennes du cosmos et dont l'«habitus»[27] trouvait à se projeter assez bien dans le système sémantique de l'humanisme dévot. Si on ajoute à cela que les structures institutionnelles de l'Eglise étaient celles-là mêmes qu'avait mises en place la Contre-Réforme, on peut s'expliquer cette réactualisation discursive surprenante de prime abord.

Il s'agit manifestement là d'un cas exceptionnel, lié à la permanence des institutions ecclésiastiques et de certaines structures sociales. Pourtant, même s'il ne dispose pas d'un support potentiel aussi privilégié tout discours subsiste dans les archives, quelle qu'en soit la forme exacte, disponible pour des réactualisations imprévisibles dans de nouvelles conjonctures, au prix le plus souvent de déplacements considérables (dans le champ, le type de public, l'orientation politique, etc...). Toute la question est de savoir si on a bien affaire au «même» discours quand ce dernier est ainsi réemployé.

En fait, tout dépend de la définition du discours que l'on se donne. Pour nous, même si l'on republie les textes, même si on en produit de nouveaux qui semblent relever de la même compétence discursive, on ne saurait parler du même discours. Celui-ci ne fait qu'un avec son émergence historique, l'espace discursif à l'intérieur duquel il s'est constitué, les institutions à travers lesquelles il s'est déployé, les isomorphismes dans le réseau desquels il a été pris. Que cela vienne à faire défaut et l'identité d'une position énonciative se défait. La réédition des ouvrages humanistes dévots fait de ceux-ci un fragment d'"une nouvelle formation discursive, celle au service de laquelle ils ont été incorporés, elle ne peut susciter une résurrection.

Cette plus ou moins durable intrication sur une aire d'énonciation d'une conjoncture et d'un fonctionnement sémantique délimite un moment de suspens entre la rumeur immense des énoncés déjà proférés dans lesquels le discours puise et celle des discours à venir qui puiseront en lui. L'espace des structures de sens est pauvre, sans cesse frayé et refrayé. Pour peu qu'on autonomise les énoncés à l'égard de leur inscription historique on se trouve emporté dans un univers sans repères, sans liens stables, celui même de l'histoire des idées traditionnelle où tout peut renvoyer à tout dans une vertigineuse gratuité. Constituer la discursivité en objet, c'est supposer qu'en toutes circonstances il n'est pas possible de dire n'importe quoi, n'importe comment et en n'importe quel lieu et que ces coordonnées définissent une identité énonciative. Sinon il n'y a plus qu'un seul discours, sans extérieur, infiniment divers et infiniment ressassant, tissé de tous les énoncés enchevêtrés.

Force est donc de définir des unités sémantiques, de séparer un intérieur d'un extérieur, mais aussi d'admettre que ce dedans est en réalité un dehors. A double titre : parce que dans l'espace discursif le Même se constitue dans l'Autre, le dehors investissant le dedans par le geste même qui l'expulse ; parce qu'à travers son système de contraintes le discours se trouve engagé dans une réversibilité essentielle avec des groupes, des institutions, avec également d'autres champs. Cela, nulle figure simple ne peut le donner à voir.

NOTES

[1] Régine Robin, *Histoire de linguistique*, A. Colin, 1973, p. 50.
[2] Ce terme n'est évidemment pas à entendre ici dans son acception algébrique stricte, mais, dans la ligne de son étymologie, comme simple «similitude de forme».
[3] Nous renvoyons ici à nouveau au livre *Mikhaïl Bakhtine, Le principe dialogique*, Seuil, 1981, p. 58 à 66.
[4] *Op. cit.*, p. 59.
[5] Entendus restrictivement comme tenants de «l'école française» évoquée dans l'avant-propos de ce livre.
[6] *La distribution*, ed. de Minuit, 1977, p. 19-20.
[7] Presses Universitaires de France, 1968, tome 2, p. 672. C'est nous qui soulignons.
[8] *Op. cit.*, p. 665.
[9] On sait que les jansénistes extrémistes, et Pascal lui-même, considéraient les recherches scientifiques comme une forme de «divertissement» du seul nécessaire, le salut de l'âme.
[10] *Du monde clos à l'univers infini*, Gallimard, 1973, p. 11.
[11] Voir en particulier le livre de Paul Benichou, *Morales du grand siècle*, Gallimard, 1948.
[12] Nous renvoyons ici aux *Maximes* de La Rochefoucauld. Il faut savoir que le célèbre moraliste ne fait que dire avec un peu plus d'élégance ce qui constitue un lieu commun dans la production janséniste. Les *Essais de morale* de Pierre Nicole, en particulier, élaborent autour de cet amour infini de soi toute une enveloppe théorique.
[13] On sait que les spécialistes lient plus exactement jansénisme et bourgeoisie de robe (Sainte-Beuve en fait déjà la remarque dans son *Port-Royal*) (Disc. prélim., tome 1, La Pléiade, pp. 98 sq.). Voir aussi F. Borkenau (*Der Übergang vom feudalistischen zum bürgerlichen Weltbild*, Paris, 1934) et surtout *le Dieu caché*, où L. Goldmann développe très longuement cette idée, cruciale pour sa théorie des «visions du monde».
[14] *De la démocratie en Amérique*, Garnier-Flammarion, 1981, tome 2, p. 126-127.
[15] *Op. cit.*, Gallimard, 1959, p. 37.
[16] *Op. cit.*, p. 41.
[17] *La traduction*, ed. de Minuit, 1974, p. 259.
[18] *L'imagination scientifique*, tr. fr. par J.-F. Roberts, Gallimard, 1981.
[19] *Archéologie du savoir*, p. 208-209.
[20] *Le même et l'autre*, ed. de Minuit, 1981, p. 138-139.
[21] *L'interférence*, ed. de Minuit, 1972, p. 144.
[22] Dans *La distribution*, p. 89 et suiv.
[23] *Op. cit.*, p. 59.
[24] *Op. cit.*, p. 103.
[25] Cette notion de «domination» n'a rien d'évident. On sait par exemple que dans le cas du jansénisme la domination dans le champ discursif dévot est allée de pair avec un écrasement politique.
[26] *La dévotion aisée* de P. Le Moyne, vilipendée par les *Provinciales*, a été rééditée quatre fois en 1826, puis en 1842, puis en 1864, alors qu'elle n'avait jamais été réimprimée depuis 1668. Le *Paradis ouvert à Philagie* de Paul de Barry, autre victime des *Provinciales*, connut 14 éditions de 1636 à 1653, puis

4 seulement jusqu'en 1678; il sera republié en 1868, après une interruption de deux siècles! Deux exemples parmi bien d'autres.

[27] C'est un concept clé dans la sociologie de P. Bourdieu; il renvoie à «la structure du style de vie caractéristique d'un agent ou d'une classe d'agents» (*la Distinction*, ed. de Minuit, 1979, p. 112).

Table des matières

Avant-propos 5

Chapitre 1: Primauté de l'interdiscours 25

Chapitre 2: Une compétence discursive 45

Chapitre 3: Une sémantique globale 81

Chapitre 4: La polémique comme interincompréhension 109

Chapitre 5: Du discours à la pratique discursive . . 135

Chapitre 6: Une pratique intersémiotique 157

Chapitre 7: Un schème de correspondance 185